BIENVENUE EN NORVÈGE !

© SERGE OLLIVIER – AUTHOR'S IMAGE

Le fjord d'Oslo.

À l'extrême nord du continent européen, la Norvège est une terre habitée, mais encore sauvage, qui a su conserver jalousement ses richesses. Monarchie parlementaire, elle est aussi le royaume d'une nature rude, sauvage mais surtout somptueuse. Montagnes, forêts, lacs, cascades, plages de sable, immenses étendues de glace ou de terres désertiques balayées par le vent glacial, la nature revêt ici mille visages. Nulle part ailleurs les fjords ne sont aussi saisissants. Une excursion sur l'un d'[illegible]us laissera un souvenir impérissable, accompagné du sentiment étrange de [illegible]e fourmi face à cette nature brute, hors du commun.

Viennent ensuite les plages du sud et les adorables villag[illegible] plus de charme que de passer la nuit dans un des phare[illegible]ns le temps. Puis il faut monter, monter vers le Gr[illegible] neige et de ses lumières incomparables. A[illegible] l'été… Un petit paradis pour les amo[illegible]es possibilités sont infinies : sports de [illegible], kayak. Devant une telle domination, l'[illegible], le peuple sami (lapon, *lapp*, est un term[illegible] vit aujourd'hui de la pêche, de l'élevage de renne[illegible]eraient aujourd'hui 40 000 en Norvège. Le centre du pa[illegible]bitants se concentrant sur les côtes et dans les grandes villes, [illegible]es. Oslo, la capitale, mêle habilement les charmes d'une ville provi[illegible]ux d'une mégalopole moderne. Ses rues sont d'une quiétude remarquable [illegible]chacun semble avoir sa place. Il fait bon s'y promener en toute sécurité. Riche grâce au pétrole, la Norvège reste un pays modeste et humble, comme la mentalité de ses habitants : honnêtes avec un sens du civisme très développé, ils n'en restent pas moins un peuple de bons vivants, conviviaux et chaleureux. Forts d'une histoire millénaire riche et mouvementée, le peuple norvégien et dame Nature ont des choses à nous raconter. Patrie des Vikings et des trolls, de Munch et du père Noël, la Norvège brille de mille feux !

© CH – VISITNORWAY

Cable car du mont Ulriken, Bergen.

SOMMAIRE

DÉCOUVERTE

VISITE

PENSE FUTÉ

SPITZBERG
Terre du Nord-Est
1712 m
Pyramiden
Terre du Roi Karl
Barentsøya
Longyearbyen
Barentsbyen
Edgeøya
OCÉAN GLACIAL ARCTIQUE
0
200 Km
OCÉAN GLACIAL ARCTIQUE
Cap Nord
Hammerfest
Vardø
Vadsø
Kirkenes
FINNMARK
Alta
Karasjok
Tromsø
Lac Inari
RUSSIE
Vesterålen
TROMS
Harstad
Narvik
Ounas
Lofoten
FINLANDE
Vestfjord
Bodø
Fauske
Saltfjord
1914 m
Kalix
NORDLAND
SUÈDE
Mo I Rana
Tornio
Pite
Mosjøen
Vega

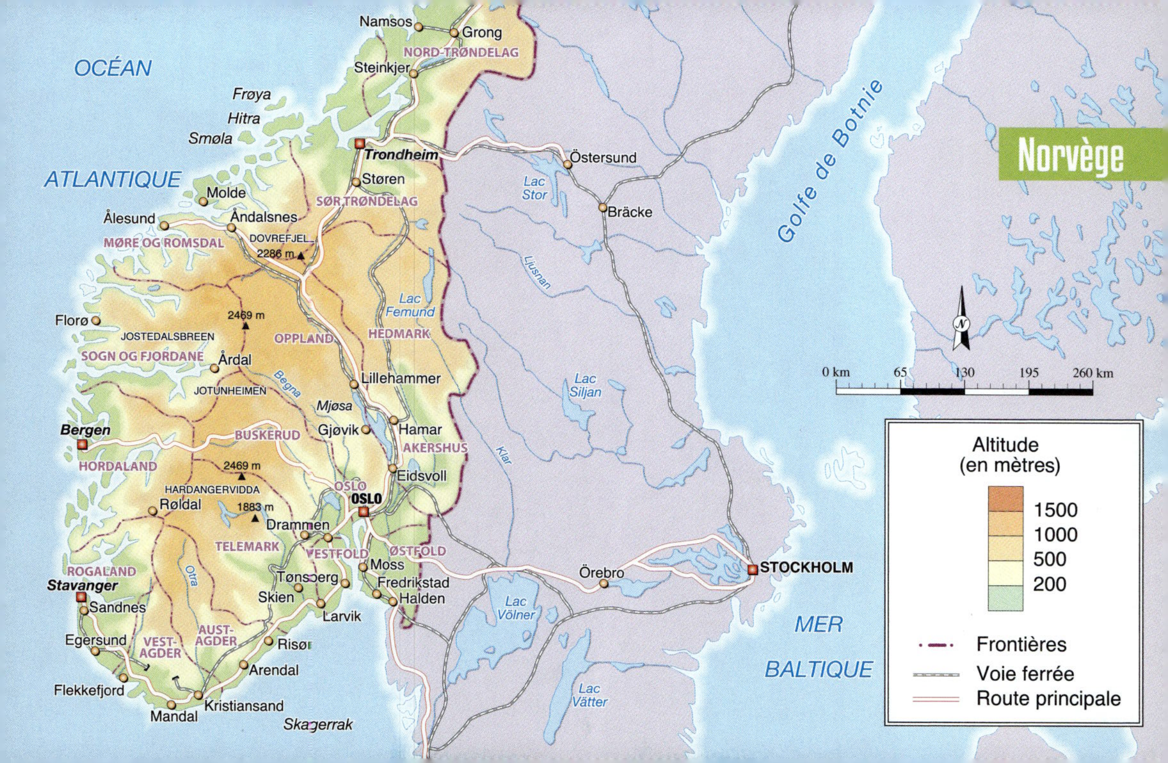

Norvège
OCÉAN
ATLANTIQUE
Golfe de Botnie
MER
BALTIQUE
Skagerrak
Frøya
Hitra
Smøla
Namsos
Grong
NORD-TRØNDELAG
Steinkjer
Trondheim
Støren
SØR-TRØNDELAG
Östersund
Bräcke
Lac Stor
Ljusnan
Molde
Ålesund
Åndalsnes
MØRE OG ROMSDAL
DOVREFJEL
2286 m
Lac Femund
Florø
2469 m
JOSTEDALSBREEN
OPPLAND
HEDMARK
SOGN OG FJORDANE
Årdal
Lillehammer
Lac Siljan
JOTUNHEIMEN
Begna
Mjøsa
Bergen
Gjøvik
Hamar
BUSKERUD
AKERSHUS
Klar
HORDALAND
2469 m
Eidsvoll
HARDANGERVIDDA
OSLO
Røldal
1883 m
Drammen
TELEMARK
VESTFOLD
ØSTFOLD
ROGALAND
Moss
Örebro
STOCKHOLM
Stavanger
Otra
Fredrikstad
Sandnes
Skien
Halden
Larvik
Lac Völner
AUST-AGDER
Egersund
VEST-AGDER
Risør
Arendal
Flekkefjord
Kristiansand
Mandal
Lac Vätter
0 km
65
130
195
260 km
Altitude (en mètres)
1500
1000
500
200
Frontières
Voie ferrée
Route principale

Lillesand.

DÉCOUVERTE

LES PLUS DE LA NORVÈGE

Mère Nature

Peu importe la saison ou l'endroit, la nature norvégienne est exubérante, dévorante, et ce, presque à l'excès. Sur les trois quarts du territoire, pas un bruit sauf celui du vent qui se heurte à de hautes montagnes et glisse sur des lacs et glaciers. A ce « no man's land » du Grand Nord s'ajoute la forêt norvégienne qui recouvre un cinquième du territoire. Dans ce vaste espace vert vivent élans, lièvres et trolls, petits êtres mystérieux, encore tellement vivaces dans les croyances locales, gageant qu'en Norvège la nature n'a en rien perdu de sa magie.

Les fjords

Sans jamais avoir foulé le sol norvégien, vous connaissez pourtant l'existence des fjords. Symboles incontestés du pays, ils sont pour la plupart localisés dans l'Ouest. Ces anciennes vallées glacières recouvertes par la mer s'appréhendent à bord d'un petit ferry-boat. Entre harmonie et silence, le reflet des falaises abruptes, qui se jettent dans l'eau transparente, semble se répéter à l'infini. Le plus grand fjord est celui de Sognefjord qui s'étire à l'intérieur des terres sur 200 km.

Un soleil fascinant

A mesure que l'on gagne le Grand Nord, les bouleaux cèdent leur place à la toundra ; la nature se fait de plus en plus petite, rabougrie, comme courbée devant le soleil qui, en été, reste au-dessus de l'horizon pour donner naissance aux nuits ensoleillées. Puis fatigué par cette trop grande activité, entre mai et juillet, il se couche et ne se lève plus pendant de longues semaines. C'est alors que la nuit polaire s'installe…

© ØYVIND HEEN – VISITNORWAY

Chutes de Brudesløret, Geirangerfjord.

Le Trolltunga, signifiant la langue du troll, se situe au sud-est de Bergen.

La mentalité norvégienne

Les Norvégiens vivent en harmonie avec la nature, l'environnement est d'ailleurs une des priorités politiques du pays. Leur humeur n'est en rien affectée lorsque le paysage perd de sa douceur et se fait hostile. Loin de tomber dans la mélancolie des nuits polaires, les Norvégiens se redressent dans un moment de révolte et arborent une bonne humeur qui pourrait laisser pantois plus d'un Méridional agacé par un ciel nuageux.

Un séjour multi-activités

Randonnée, motoneige, canoë-kayak, chiens de traîneau, ski, patins à glace… Une multitude de sports sont pratiqués en Norvège, où la population alterne allègrement entre les sports d'hiver et d'été. Pour le visiteur de passage, chaque saison sera l'occasion de pratiquer une activité particulière : pourquoi ne pas essayer le Telemark, le curling ou encore la course en chiens de traîneau ? L'été, on pourra s'adonner aux joies de la randonnée ou de la navigation dans les majestueux fjords. Unique !

Les sports de glisse

Pour s'adonner aux joies de la glisse, à ski, en motoneige ou en traîneau, la Norvège est le pays rêvé ! Mais encore et surtout, la Norvège est la terre d'élection du ski de fond qui attire chaque année les fondus de ce sport… Il faut dire qu'ici cette discipline relève de la profession de foi, la preuve en est l'existence officielle de la journée du ski, le skidag. Durant une journée complète, les enfants apprennent auprès de leurs parents ou de professionnels la technique de ce sport. Ont également la cote le ski alpin, le saut à ski (c'est même un sport traditionnel !), le ski Telemark (originaire de Norvège, eh oui !)… Autant dire que les Norvégiens sauront être d'excellents professeurs si l'envie vous prend de glisser à votre tour !

LA NORVÈGE EN BREF

Pays

- **Nom officiel :** Royaume de Norvège
- **Capitale :** Oslo.
- **Superficie :** 385 186 km² (61 881 km² d'îles).
- **Langues :** Norvégien (comprend deux standards différents à l'écrit : le bokmål et le nynorsk).

Population

- **Nombre d'habitants :** 5 168 000 habitants
- **Densité :** 15,8 hab. par km²
- **Taux de natalité :** 1,2 %
- **Taux de mortalité :** 0,8 %
- **Espérance de vie :** Femmes : 84,1 ans, hommes : 80 ans
- **Taux d'alphabétisation :** 100 %
- **Religion :** luthériens (87,8 %) ; autres, protestants et catholiques (3 %) ; musulmans (1,5 %).

Économie

- **Monnaie :** La couronne norvégienne
- **PIB :** 379,9 milliards d'Euro
- **PIB/habitant :** 379,9 Euro/habitant

Panorama d'Henningsvaer.

Le drapeau du pays

Il se compose d'un fond rouge avec une croix bleue soulignée de blanc qui s'étend jusqu'aux bords du drapeau. Son aspect a évolué en fonction des grands événements historiques du pays. La longue inféodation au Danemark (1397-1805) fut symbolisée par le Danebrog (le drapeau danois) jusqu'à la réunion à la Couronne suédoise. Il y eut alors l'apparition provisoire du lion de Norvège avant que le drapeau ne prenne son aspect actuel en 1821, lorsque fut incluse une croix bleue dans la croix blanche du Danebrog. Les couleurs rouge, blanche et bleue sont les couleurs de la liberté. Pour sa part, la croix, que l'on appelle croix scandinave, est la même que portent les drapeaux du Danemark, d'Islande, de Finlande et de Suède. La légende de la croix scandinave remonte au XIIIe siècle lorsqu'à la veille de la bataille de Lyndanisse, le roi danois Valdemar II (1170-1241) vit apparaître dans le ciel sombre une croix blanche. Selon la légende, le monarque interpréta cette vision comme un signe du Christ lui ordonnant de massacrer les malheureux Estoniens, ce qu'il fit proprement le lendemain. De cette légende est née la croix scandinave. A l'origine, la croix était de forme carrée, mais au fil des siècles un de ses bras a été allongé.

- **PIB/secteur :** secteur primaire : 1,6 % ; secteur secondaire : 39,9 % et secteur tertiaire : 56,8 %
- **Taux de croissance :** 1,8 %
- **Taux de chômage :** 4,6 %
- **Taux d'inflation :** 2,5 %

Décalage horaire

Il n'y a pas de décalage horaire entre la Norvège, la Belgique et la France.

Climat

Suivant les saisons durant lesquelles un séjour en Norvège sera effectué, l'impression que fera le pays sera totalement différente.

En été ?

En été, la Norvège montre sa verdure dans les montagnes au rythme langoureux des fjords et des croisières.

En hiver ?

En revanche, l'hiver offre des possibilités beaucoup plus restreintes en termes de transport. S'il convient de ne pas se laisser impressionner par les températures (il s'agit d'un froid sec, donc plus supportable qu'un froid humide), il faudra prévoir cependant les vêtements les plus chauds.

La période de Noël apparaît comme particulièrement propice à ce séjour hivernal.

LA NORVÈGE EN 10 MOTS-CLÉS

Aurores boréales

Elles sont visibles dans toute la Norvège par temps clair, entre l'équinoxe d'automne et l'équinoxe de printemps (21 septembre-21 mars). Cependant, c'est entre décembre et mars que vous avez le plus de chances d'observer ce phénomène mystérieux, période au cours de laquelle les conditions climatiques sont optimales (présence de neige et non de pluie). S'il est vrai qu'on peut observer les aurores boréales dans toute la Norvège, elles sont plus fréquentes et plus impressionantes au-delà du cercle polaire (les Lofoten, Tromsø, et tout le long de la côte jusqu'au cap Nord).

Bougies

Fans de leur petit intérieur, les Norvégiens adorent se retrouver chez eux bien au chaud, à la lumière des bougies. Dans de nombreux bars et restaurants, ou chez l'habitant, les bougies font partie du décor, pas seulement à Noël, et sont allumées très souvent pour conférer au lieu une atmosphère conviviale.

Diplomatie

Depuis quelques années et le fameux accord d'Oslo ente Israël et la Palestine, la Norvège s'est construit sa propre diplomatie (ce que certains verront comme une raison de plus pour rester en dehors de l'Union européenne) au niveau mondial. Ses larges contributions au développement du tiers-monde lui ont également donné une assise importante, notamment en Afrique.

Églises

A la campagne, elles sont en général en bois, peintes en blanc ou en rouge, entourées d'un petit cimetière ressemblant à un jardin à l'anglaise. Dans les villes, on trouve des églises bâties en pierre. La plus belle est la cathédrale de Nidaros, à Trondheim. Elles sont en général fermées en dehors des offices, et quand des visites sont organisées, elles sont souvent payantes. Les stavkirke, « églises en bois debout », restent une particularité du pays. Elles datent des premiers temps de la Norvège chrétienne (1030). Tout le bois de charpente est posé verticalement, d'où le nom. La date de leur construction, vers la fin de l'épopée glorieuse des Vikings, les fait ressembler plutôt à des temples païens avec leurs multiples toits hérissés des mêmes têtes de dragon que celles des proues de drakkar. Enduites de goudron pour la conservation et ne comportant pas de fenêtres, ces petites églises sombres dégagent un air un peu inquiétant. On ne serait pas étonné d'y voir perpétuer ces sacrifices rituels que les Vikings pratiquaient en enduisant les poteaux totémiques de sang frais. La plupart de ces églises ont été détruites au cours du XIXe siècle, et la Norvège n'en compte plus que 28 aujourd'hui. L'église d'Urnes, inscrite au patrimoine mondial de l'Unesco, est la plus célèbre et la plus ancienne.

Gulf Stream

C'est grâce à ce courant, qui naît dans la mer des Caraïbes, que la Norvège peut se targuer d'avoir un climat plutôt clément compte tenu de ses latitudes extrêmes. Ce courant d'eau chaude longe la côte norvégienne jusqu'au cap Nord. Ainsi, les fjords ne sont jamais recouverts de glace, malgré les températures parfois rudes sur la terre. L'été, sur les plages de la côte Ouest, l'eau est parfois plus chaude qu'au Portugal !

Harry

C'est un mot norvégien qui pourrait être l'équivalent de « beauf », mais avec une connotation humoristique forte. Les Norvégiens aiment employer le terme de harrytur pour décrire leurs voyages réguliers de plusieurs heures en voiture jusqu'à la frontière suédoise où la nourriture et l'alcool sont sensiblement moins chers.

Le ministre norvégien de l'Agriculture, Lars Sponheim, a publiquement décrit comment un harry devait faire ses courses en Suède (viande et alcool principalement), ce qui a donné lieu à toutes sortes de plaisanteries à l'échelle nationale tant les Norvégiens sont nombreux à traverser la frontière pour effectuer quelques économies sur leurs emplettes. Le ringard typique norvégien a été décrit comme un supporter du club de football norvégien de Vålerenga roulant dans une Saab des années 1980 et faisant ses courses, bien entendu, en Suède !

Panorama des Lofoten au coucher du soleil à Reine.

Hytte

Beaucoup de Norvégiens prennent la route tôt le vendredi, et pendant les vacances, pour se rendre à leur hytte (« chalet ») et skier le week-end. Les hyttes sont bien souvent de simples baraques en bois qui demeurent d'un confort précaire (pas de ralliement au tout-à-l'égout, pas d'eau chaude et même parfois pas d'électricité, les toilettes sont souvent à l'extérieur). Bref, avant d'en louer un, il convient de se renseigner convenablement sur le niveau de confort et son accessibilité.

Lunch

Les Norvégiens ne font pas un vrai repas le midi et se contentent de grignoter. On s'adapte très vite à ce rythme de vie et on savoure ensuite très volontiers les lunchs que proposent les cafés, bars et restaurants. De plus, cela reste une manière de faire des économies. Vous pouvez largement vous contenter d'un lunch le midi, à des prix raisonnables. Le matpakke est généralement composé de skivet brød (tranches de pain) garnies de salami, de brunost (fromage norvégien), de saumon, etc.

© PER EIDE – VISITNORWAY

Le belvédère de Flydalsjuvet.

Ours

Ils demeurent nombreux dans les montagnes norvégiennes (ainsi que les loups et les rennes). Avant toute randonnée, il faut donc se renseigner sur les zones à risque auprès de l'office de tourisme. L'ours constitue l'animal le plus dangereux de la nature norvégienne. Attention, il n'y a pas d'ours blanc sur le territoire norvégien. On peut les observer seulement sur l'archipel Svalbard.

Paris

La Norvège est l'un des pays où la moyenne de mise aux jeux par habitant est la plus élevée en Europe.
Le tipping concerne tous les sports et s'effectue quotidiennement. Il a pris une telle place dans la société qu'il peut arriver que le sport proposé aux parieurs soit la deuxième division de hockey sur glace en Finlande (sur laquelle les parieurs avoueront ne pas avoir la moindre idée, mais miseront tout de même par principe) ! En d'autres termes, les Norvégiens parient sur absolument tous les sports en Europe (y compris le championnat de football français de première, voire de deuxième division si besoin est !). Il est même possible de parier avec son téléphone mobile. Les jeux d'argent demeurent un monopole d'Etat à l'exception des jackpots qui restent le privilège d'ONG.

PARCE QUE VOUS ÊTES
UNIQUE...
... VOUS RÊVIEZ D'UN GUIDE
SUR MESURE
Mon guide sur Mesure
Pour votre prochain voyage, créez votre guide Petit Futé sur mesure
Un guide unique pour un voyage unique !
Comment faire ?
Notre voyage de noces en Asie
Bangkok – Bali – Hanoi
Road Trip USA Canada
De Vancouver à Los Angeles
A VOUS DE JOUER !
mypetitfute
mon guide sur mesure
WWW.MYPETITFUTE.COM

SURVOL DE LA NORVÈGE

Géographie

Occupant la côte Ouest de l'oblongue péninsule scandinave faisant face à la mer du Nord, la Norvège s'étire sur 2 000 kilomètres du sud au nord. Sa largeur n'est parfois que de quelques kilomètres entre le fond d'un fjord et la frontière suédoise ! Environ un tiers du pays est situé au nord du cercle polaire où le soleil de minuit brille 24h/24 en été. Cette luminosité hâte la croissance des végétaux pendant la période d'été courte mais très intense.

La superficie du pays est d'environ 325 000 km², mais la plus grande partie ne se prête pas à un habitat permanent, et seulement 3 % du territoire sont cultivés. La population, un peu moins de 5 millions d'habitants, se concentre dans le sud du pays, essentiellement autour de la capitale Oslo et sur la côte, où sont situées les autres grandes villes : Stavanger, Bergen et Trondheim.

Climat

Adouci par le Gulf Stream, le climat maritime tempère cette côte verdoyante, tout en provoquant des précipitations abondantes. L'hiver et l'été sont peu marqués en bord de mer. A Tromsø, ville située dans l'extrême Nord, la température moyenne en hiver n'est que de

Les fjords

La Norvège est indissociable des fjords. Ils ont fait la réputation touristique du pays. Les fjords sont une marque déposée, made in Norvège, même s'il en existe dans d'autres endroits du monde (en Ecosse, au Canada, en Islande par exemple). Ceux de Norvège sont les plus impressionnants, par leur taille et par leur côté sauvage que les habitants sont parvenus à préserver. Lorsque les glaciers fondirent, ils creusèrent de profondes vallées à l'intérieur des terres avant de se retirer vers la mer. Il en reste aujourd'hui ces bras de mer dans la terre, entourés de montagnes abruptes. Des villages s'y sont parfois installés, grâce à une végétation luxuriante et aux terres fertiles, ayant su faire avec une nature hostile et ses immenses massifs montagneux plongeant abruptement dans la mer. Sur une carte, la côte norvégienne est une sorte de fine dentelle. Morcelée, découpée comme nulle part ailleurs, elle mérite toute l'attention des touristes. Le plus long fjord de Norvège, le Sognefjord, mesure 204 km de longueur et quelques-uns sont classés au patrimoine mondial de l'Unesco. On considère, et ce n'est pas volé, celui de Geiranger comme le plus beau de Norvège.

Sud ou Nord ?

Un aspect important d'un voyage en Norvège réside dans la notion de « Nord ». Si la Norvège constitue un pays en soi au nord pour nombre de visiteurs, pour les Norvégiens, le Nord ne débute qu'au-delà du cercle polaire, soit à partir de Narvik. Le Nordland serait le premier fylke (région) qui appartient au Nord ! Cette distinction revêt toute son importance quand il s'agit de visiter la Norvège car les distances nord-sud sont tellement importantes que visiter les deux régions durant un même séjour devient relativement inconcevable, à moins d'emprunter l'Express côtier (ou circuler en avion), c'est-à-dire d'investir un budget supérieur à 1 500 € par personne… En résumé, visiter la Norvège consiste avant tout à choisir le Sud ou le Nord ! Les prix demeurent similaires au gré des saisons, sauf pour les équipements de ski dont les prix augmentent subrepticement vers le mois de novembre ! Ainsi, la saison réputée haute pour le tourisme ne provoque aucune flambée des prix dans les boutiques et hôtels : en dépit de l'élan donné par les Jeux olympiques d'hiver de Lillehammer (1996), la Norvège n'a pas su se placer en tant que destination touristique privilégiée.

- 4 °C. Mais dès qu'on s'éloigne de la côte vers l'intérieur des terres, les rigueurs se font sentir. Sous la même latitude que Tromsø, à Karasjok, capitale same, à l'intérieur du plateau du Finnmark, le thermomètre peut descendre l'hiver jusqu'à - 50 °C.

Le niveau des températures demeure nettement plus bas en Norvège que dans les pays du sud de l'Europe. Une température de 0 °C n'est pas perçue comme étant vraiment froide. A partir de - 10 °C, le Norvégien admettra volontiers « qu'il fait froid ». De la même façon, à partir de + 10 °C, il ferait plutôt chaud ! Dans le Nord, toute température positive sera perçue comme chaude. Dans une ville comme Kautokeino, les températures peuvent descendre jusqu'à - 50 °C en hiver. On comprend alors que l'Etat offre des remises substantielles d'impôts à quiconque accepte de s'y installer.

Environnement

La Norvège a adopté depuis longtemps le principe du recyclage sélectif où chaque habitant dispose d'une poubelle à papiers et d'une pour les autres déchets dans la mesure où ils ne sont pas en verre (des containers spéciaux pour les déchets en verre transparent et non transparent ont été disposés dans chaque quartier). La plupart des bouteilles en verre et en plastique sont consignées et peuvent être déposées dans les supermarchés. Il est interdit de circuler en hiver avec des pneus cloutés à moins de s'être acquitté d'une taxe spéciale (les pneus cloutés contribuent à l'endommagement du goudron sur les routes).

On peut acquérir les véhicules électriques sans aucune taxe d'Etat (avantage tarifaire substantiel en Norvège puisqu'il divise le prix par 2), sans aucune vignette et sans payer les péages urbains.

En d'autres termes, les véhicules électriques représentent une alternative sérieuse à étudier pour les autochtones ! Cette politique apparaît courageuse de la part d'un Etat qui vit de ses rentes pétrolières. Au demeurant, le parti écologiste norvégien réalise des scores faibles à chaque élection puisqu'une politique poussée dans ce sens constitue une priorité pour absolument chaque parti. Ainsi, il est déjà arrivé que des plans de construction de barrages électriques (créateurs d'emplois et d'activités pour les régions concernées) soient annulés pour préserver l'environnement naturel.

Faune et Flore

Faune

Elle est très diverse et nombreuse. L'un des emblèmes est certainement le célèbre renne. Il s'est installé en Norvège à la fin de l'ère glaciaire en colonisant les plateaux de la toundra.

Pelage long et fourni, queue et museau courts, le renne est parfaitement adapté à son habitat. Ses sabots concaves et évasés comme des mini-raquettes de neige, presque disproportionnés par rapport à ses hautes pattes, lui permettent de se déplacer facilement dans le terrain meuble des fondrières. Dans l'eau, il s'en sert comme de pagaies (c'est d'ailleurs un excellent nageur). L'hiver, ce sont encore ses sabots qui lui permettent de trouver sa nourriture, en dégageant la neige qui recouvre le sol. Le renne peut ensuite repérer les plantes grâce à son excellent odorat mais sa vue passe pour être médiocre.
On a longtemps cru que le renne ne se nourrissait que de lichens, mais la profusion de plantes, qui profitent de l'intense été arctique pour éclore et semer leurs graines, lui fournit une nourriture diversifiée qui lui permet d'affronter les rigueurs de l'hiver. En effet, feuilles tendres de saule et de bouleau, tiges épaisses d'angélique, herbes et lichens pullulent dans la toundra. Cas unique chez les cervidés, mâle et femelle arborent des bois somptueux qui leur confèrent une allure altière. Le renne est capable d'atteindre la vitesse de 80 km/h. Sa domestication reste fréquente et il accepte de tirer un traîneau lourd. Mais elle n'est jamais totale : on ne peut pas dresser le renne et le guider comme un cheval.

Sur le plateau du Finnmark, le renne n'est pas à l'abri des prédateurs : loup et surtout glouton, à la voracité légendaire. Les lynx et les ours prélèvent aussi leur tribut sur les hardes. Les jeunes faons peuvent succomber sous les crocs des renards polaires et sous les serres des aigles. Quelque 250 000 rennes sont domestiqués en Norvège du Nord, et 40 000 rennes sauvages paissent sur le plateau de Hardangervidda, dans le Sud du pays. Le territoire accueillait des loups, des ours, des lynx, mais ces espèces ont presque toutes disparu. D'autres espèces sont en recul comme le coq de bruyère ou la martre. Le castor et l'élan eux se portent très bien. Leur population ne cesse d'augmenter. Il est possible de chasser des élans tant la population est nombreuse. Quant aux castors norvégiens, ils sont si nombreux (grâce à une politique de protection drastique) qu'on en envoie dans certains pays d'Europe pour en préserver l'espèce. Des phoques se trouvent sur les côtes norvégiennes. Leur présence menaçait la pêche, et leur chasse a été ouverte. Depuis, la population des phoques a nettement diminué, et ils sont de nouveau protégés.

- **Dans les eaux du pays,** on trouve saumons, truites et ombles de mer, aussi bien dans les rivières que dans la mer. Au nord du pays, on trouve également des poissons venus de la Baltique par la Russie comme la perche, le féra ou le brochet.

- **Pour les férus d'ornithologie,** la côte est un petit paradis. Les montagnes sur la côte norvégienne accueillent de nombreuses espèces d'oiseaux de mer. Des centaines de milliers de volatiles de Runde à la frontière russe vivent sur les montagnes des petites îles le long de la côte, se nourrissent et dépendent du poisson. Depuis la fin des années 1970, des espèces d'oiseaux disparaissent, conséquence de la surexploitation de poissons, comme le hareng, le capelan ou les maquereaux. Parmi les oiseaux que vous pourrez observer : les fous de Bassan, les cormorans, les guillemots de Troil ou arctiques, l'aigle de mer, le pingouin, les macareux ou le faucon pèlerin… Mais on sait le gouvernement norvégien très préoccupé par l'environnement, priorité de son programme politique.

Flore

Favorisée par cette humidité, la végétation s'adapte en fonction de la température et de la lumière. Au-dessus du vaste domaine des grandes forêts de pins et de sapins, les bouleaux s'étagent en altitude pour céder la place à la zone alpine. Ce sont ces forêts boréales qui dominent la plus grande partie du pays. Dans le Grand Nord, la toundra étale son tapis de mousse et de lichens parmi les bouleaux arctiques et les saules nains. Semblable à de la lande, souvent marécageuse, la toundra est recouverte d'une végétation de mousses, de bruyères et de myrtilles, qui s'éclaircit de plus en plus jusqu'aux neiges éternelles.

Les montagnes représentent trois-quarts du territoire du pays et sont recouvertes de forêts de pins et de bouleaux. Dans l'Est et le Centre du pays, les forêts de sapins dominent. La flore est étroitement liée au climat. Ainsi, des régions comme la façade ouest du pays (le climat y est doux et la neige quasi inexistante) voient se développer des landes de bruyère pourpre ou de houx.

Le pin domine l'ensemble du pays, résistant aux longues périodes de froid. Du sud du pays à Trondheim, on trouve le chêne, le tilleul, l'érable, le noisetier ou l'orme.

Dans le Nord, on trouvera des arbres feuillus encore plus résistants comme le bouleau, le sorbier ou l'aulne. Dans les montagnes, certaines espèces de fleurs rappellent celles que l'on trouve dans les Alpes. Reste les plantes américaines qui poussent dans deux endroits bien précis du nord et du sud du pays. La migration des espèces est encore peu explicable, toujours est-il que de nombreuses plantes ne se retrouvent qu'au Canada.

Il y a 25 parcs nationaux en Norvège où la nature est strictement protégée. Ils sont très divers : plateau immense avec rennes sauvages, glaciers, fjords, montagnes, forêts de sapins…

Les Norvégiens sont soucieux de leur paysage. Ainsi, malgré une conscience écologique très forte, ils sont très partagés concernant l'implantation sur les côtes de « parcs éoliens ». Il n'y en a que 5 dans le pays, dans le Nord et de taille assez moyenne.

HISTOIRE

*La Norvège tire son nom du vieux norrois Nordhrvegr, « le chemin du Nord ». Excepté les Lapons du Grand Nord, ses habitants sont le rameau scandinave occidental des Germains. Les Vikings scandinaves ont été parmi les premiers à utiliser les caractères runiques. Au XI*e *siècle, la Norvège ne forme pas encore un Etat. Elle est divisée par d'incessantes luttes intestines entre roitelets vikings. C'est seulement au XIII*e *siècle qu'elle devient un royaume uni mais, du XVI*e *au XIXe, son histoire se confond avec celle du Danemark. Partant d'une union libre, elle devient une province, tout juste bonne à exploiter. Cette période sombre est appelée par les Norvégiens « la longue nuit de quatre cents ans ». A l'autorité de Copenhague succède la tutelle de la Suède qui laisse cependant au pays une autonomie administrative.Ce n'est qu'en 1905 que la Norvège devient totalement indépendante, optant alors pour une monarchie constitutionnelle sur laquelle règne actuellement le roi Harald V. Connue pour son amour d'une liberté si tardivement acquise et pour son scrupuleux respect des règles démocratiques, la Norvège a néanmoins tiré les leçons d'une impossible neutralité après l'occupation allemande pendant la Seconde Guerre mondiale. Depuis 1945, elle a adopté le système de sécurité collectif des Nations unies. Du point de vue littéraire, la Norvège et l'Islande ne se distinguaient guère au Moyen Age. Le passage sous domination danoise créa en revanche un problème de langue : le mode d'expression dano-norvégien (riksmål) contrariait le développement d'une langue locale (landsmål), appelée aujourd'hui le néonorvégien (nynorsk). Ceci explique le caractère militant de la littérature norvégienne dont les représentants les plus connus sont Henrik Ibsen (1828-1906), Knut Hamsun (1859-1952), Sigrid Undset (1882-1949) et plus récemment Tarjei Vesaas (1897-1970). La Norvège est aussi l'un de ces Etats providences façonnés par plusieurs décennies de social-démocratie.*

Norvège ancienne (VIIIe-XIIe Siècles)

Aucune structure étatique n'existait avant que le clan des Ynglingar du Viken (Ynglingeætten), dans le fjord d'Oslo, ne commence lentement à construire une monarchie. La tradition dit qu'ils étaient d'origine suédoise.D'autres lignages s'imposèrent aussi dans l'est et surtout dans le centre du pays, dans le Trøndelag. Les structures de cette ancienne société reposaient sur une puissante aristocratie foncière gravitant autour de ces roitelets.Peu après 700, les premiers Norvégiens partirent chercher des terres nouvelles dans les archipels écossais. Ce fut le début de l'âge des Vikings.Les navires trouvés dans les tumulus princiers d'Oseberg (aujourd'hui au musée des Bateaux vikings à Oslo) témoignent de leur maîtrise sur les mers. Le début de l'unification de la Norvège commence avec le roi Harald Ier à la belle chevelure.S'imposant par sa puissance navale, il écrase les roitelets de l'Ouest à la célèbre bataille de Hafrsfjord sur la côte du Jæren en 872. Il établit ensuite ses fils dans toutes les provinces soumises, jusqu'au Trøndelag. Les chefs vikings qui n'acceptent pas son autorité sont bannis du pays. Ils émigrent dans les îles écossaises ou en Islande. Mais les descendants de Harald, Erik Blodyks et Håkon le Bon n'empêcheront pas le Trøndelag de reprendre son autonomie sous les jarl (princes) de Lade. Håkon le Bon, élevé et baptisé à la cour d'Angleterre, essaie d'imposer le christianisme vers 950. Sa tentative rencontre quelque succès sur la côte ouest, où des relations commerciales existaient déjà avec l'Angleterre. Cependant, dans les provinces centrales du Trøndelag, les plus peuplées à l'époque, il se heurte à une opposition si violente qu'il doit renoncer à tout espoir de conversion. Ce n'est que vers 995 que la résistance païenne dans le fief de Trøndelag sera brisée par un autre roi chrétien, Olav Tryggvasson. Mais celui-ci ne règne que quelques années (995-1000) : il meurt à la bataille de Svolder, contre les rois danois et suédois. Le paganisme norvégien connaît alors un bref répit avant de prendre fin quinze ans plus tard, lorsque le roi Olav II Haraldsson lance une nouvelle vague d'évangélisation, s'appuyant sur l'épée plutôt que sur le verbe.C'est encore dans le Trøndelag que la résistance se montre la plus farouche en suscitant un soulèvement des Bønder (propriétaires fonciers). Le roi Olav trouve la mort en 1030, lors de la bataille de Stiklestad contre les Bønder. Malgré la défaite de ce roi chrétien, la bataille de Stiklestad marque la fin du paganisme en Norvège. Des légendes surgissent, racontant des miracles qui se seraient produits sur la tombe du roi canonisé par la suite par Rome. Les derniers bastions de la résistance tombent en l'espace de quelques années. Des pèlerins affluent de toute l'Europe, traversant les plateaux montagneux de Dovrefjell, jusqu'à la cathédrale de Nidaros (Trondheim) érigée à la gloire d'Olav le Saint.

Les effets du christianisme. Cette conversion au christianisme de la Norvège avait déjà été entreprise par des missionnaires allemands et surtout anglais. Trois diocèses sont établis à Nidaros (Trondheim), à Selja (transféré plus tard à Bergen) et à Moster. Les institutions se développent dans les provinces regroupées en 4 ting (Parlements) : Frosta dans le fjord de Trondheim, Gula sur la côte occidentale, Borg dans le fjord d'Oslo et Eid dans l'intérieur.

Chaque Parlement élabore sa propre législation, très éloignée du reste de la chrétienté latine. Le XIe siècle restera néanmoins dominé par l'esprit viking, dont la plus belle illustration sera la tentative de conquête de l'Angleterre, lancée en 1066 par le roi Harald le Sévère, ancien officier au service de Byzance. Cette tentative de conquête échouera seulement quelques jours avant le débarquement de Guillaume le Conquérant, arrière-petit-fils de Rollon, un autre Viking norvégien qui régna sur la Normandie.La Tapisserie de la reine Mathilde à Bayeux relate cette bataille. Les descendants de Harald le Sévère se disputeront la couronne de Norvège.Les uns vivaient en Vikings, comme Magnus Nu-Pieds, auteur de deux expéditions en pays celtique, tandis que Sigurd Jorsalfar entraînait toute une armée de croisés à Jérusalem.

D'autres, comme Olav Kyrre, élaboreront, avec l'aide de l'Église, un État moins rudimentaire. La christianisation aura des conséquences considérables dans le pays. L'ordre social traditionnel, fondé sur la famille et le clan, disparaît peu à peu, remplacé par un pouvoir fort et centralisé dont les deux principales institutions seront la royauté et l'Église. Les dieux de l'ancienne religion sont bientôt assimilés aux démons et considérés comme étant des esprits diaboliques. Le christianisme apporte avec lui une autre conception du monde et une nouvelle idée de l'homme, car le péché et la grâce étaient des concepts inconnus des anciens Scandinaves. La doctrine chrétienne prônant la soumission de la femme à l'homme était également une nouveauté. Elle provoquera une transformation radicale de la conception nordique de la femme.Au XIIe siècle, la Norvège est encore divisée par des luttes entre prétendants au trône.

De l'unification à l'union

En revanche, l'ordre ecclésiastique se renforce. La couronne ne retrouvera un peu de puissance qu'à la fin du siècle, grâce à un aventurier, Sverre, qui se prétendait descendant des anciens rois. Il s'appuiera sur un parti de hors-la-loi hostiles aux prélats, les Birkebeiner (« ceux qui ont des jambières en écorce de bouleau », voir la course de ski Birkebeinerrenet à Lillehammer), et sur une garde liée par serment, la Hird. Les querelles avec les évêques l'entraîneront dans une lutte armée contre lePparti ecclésiastique, les Bagler. Cette nouvelle monarchie sera perpétuée par son petit-fils, Håkon Håkonsson, qui fixera sa

Les attentats d'Oslo et d'Utoya (2011)

Le 22 juillet 2011, la Norvège est plongée dans l'effroi lorsque deux attaques terroristes et meurtrières frappent coup sur coup le gouvernement travailliste en place et la population civile. D'abord, c'est le quartier gouvernemental de Regjeringskvartalet, à Oslo, qui est visé. Une bombe explose à l'extérieur des bureaux du ministre d'Etat Jens Stoltenberg, tuant huit personnes et blessant quinze autres personnes. Alors que la stupeur générale se répand, une deuxième attaque frappe l'île d'Utoya, dans un camp de jeunesse organisé par le Parti travailliste norvégien. Un homme tire sur les civils et les hommes politiques présents, tuant 69 personnes et en blessant 38 autres.
C'est l'attaque la plus meurtrière de Norvège depuis la Seconde guerre mondiale. Le nombre de tués représente plus du double du nombre de meurtres moyen annuel. L'homme armé de la tuerie d'Utoya sera arrêté le jour même, sur les lieux du drame. Anders Behring Breivik, ancien membre du Parti du Progrès (droite nationale-conservatrice) est jugé coupable et condamné en 2012 à 21 ans de prison. Il avouera que sa cible principale était le Premier ministre Gro Harlem Brundtland, qui avait fait un discours une heure plus tôt sur l'île d'Utoya.

© STÉPHAN SZEREMETA

En mémoire des victimes de l'attentat et de la fusillade du 22 juillet 2011 à Oslo.

capitale à Bergen, port le plus actif du pays à l'époque. En 1250, Håkon noue les premiers liens commerciaux avec Lübeck tout en entretenant des contacts avec l'Angleterre et la France. Son couronnement par le cardinal marque la réconciliation avec l'Eglise et lui fait ériger à Nidaros (Trondheim) une splendide cathédrale gothique en pierre, symbole du triomphe de l'esthétique occidentale sur l'ancienne architecture en bois. Le fils de Håkon, Magnus le Législateur, unifiera le droit du pays.La génération suivante sera moins heureuse avec Erik Magnusson et son frère Håkon V, obligés de composer avec les commerçants allemands de la ligue hanséatique, de plus en plus entreprenants.Alors que le comptoir de la Hanse renforce sa domination sur Bergen, Håkon V transporte sa capitale à Oslo. Le roi ne laissant qu'une fille, sa couronne passera à son petit-fils, le prince suédois Magnus VII Eriksson, premier maillon d'une chaîne de successions très compliquées. Elles finiront par donner en 1380 la Norvège au jeune Olav, déjà roi du Danemark, et en réalité à sa mère, la reine Marguerite, qui gouvernera jusqu'en 1412. L'union des trois royaumes scandinaves est scellée à Kalmar en 1397.Partenaire la plus faible, la Norvège sera la partie perdante de cette union au départ égalitaire.

Union Danemark-Suède-Norvège (1380-1523). Les querelles entraînées par l'union aboutiront en 1523 à l'indépendance de la Suède, alors qu'en Norvège l'aristocratie déclinante se laissera coloniser par une forte noblesse suédoise et germano-danoise. Mais ce sont surtout les facteurs économiques et sociaux qui feront de cette union la période la plus sombre de l'histoire norvégienne.

Les effets désastreux de la grande peste noire de 1348-1349 ainsi que la dépendance du commerce allemand, fournisseur de céréales devenu indispensable, entraîneront la ruine complète des populations rurales entières. La petite aristocratie norvégienne se verra contrainte de s'effacer devant un petit nombre de fonctionnaires immigrés. La vie intellectuelle et artistique commence à reculer et, au XVe siècle, même la langue norvégienne décline devant l'irruption du danois qui formera la base du bokmål, le norvégien parlé aujourd'hui.

Union dano-norvégienne (1523-1814). L'affaiblissement de la Norvège, exploitée sans pitié par les commerçants germaniques de la Hanse, facilite l'implantation du luthéranisme. La charte royale imposée en 1536 par Christian III fait de la Norvège une simple province du Danemark. Il s'agit en principe d'une double monarchie, mais la noblesse danoise s'accapare presque tous les domaines fonciers, y compris les biens de l'Église confisqués par la Réforme. Pourtant, la côte norvégienne profite de l'expansion économique du XVIe siècle, et les comptoirs germaniques doivent reculer sous la poussée des actifs marchands et armateurs scandinaves. Même le quai hanséatique de Bergen est ébranlé. Mais les navires hollandais viennent bientôt remplacer ceux de la Hanse pour s'implanter dans toutes les activités économiques norvégiennes (voir le vieux quartier hollandais qui a été préservé dans la petite ville de Flekkefjord sur la côte Sud). Le bois étant de plus en plus demandé en Europe, l'exploitation des forêts se développe d'une manière spectaculaire grâce à l'utilisation de la scie hydraulique, inventée en 1520. La Norvège devient le principal fournisseur, mais les forêts littorales ne tardent pas à s'épuiser, et il faut faire descendre le bois de l'arrière-pays par flottage le long des rivières. Au début du XVIIe siècle, de nouveaux bourgeois norvégiens, imitant les Hollandais et les Anglais, s'arment de gros navires de plus en plus perfectionnés pour la pêche du hareng et de la morue. Fournissant le sel et rachetant les cargaisons de poissons, ces « nouveaux riches » finissent par contrôler tout le commerce en exploitant les pauvres pêcheurs, surtout dans le Nord. Dans le Sud, ce capitalisme urbain montant domine plus encore la grande pêche baleinière (voir l'actuel musée de Tønsberg, ville natale de Sven Foyn, qui inventa une nouvelle arme meurtrière pour la chasse à la baleine). L'industrie minière est un autre facteur important du développement économique du pays. A l'instigation de Christian III, le travail des mines débute avec des mineurs allemands. Mais c'est surtout Christian IV qui imprime à tout le royaume cette nouvelle activité. Ayant reconstruit Oslo après le grand incendie, et rebaptisé la ville Christiania, il fait exploiter les mines d'argent de Kongsberg et celles de cuivre de Røros. Des mines de fer s'ouvrent dans le voisinage de Kristiansand S, ville nouvellement créée par ce roi bâtisseur.

Le bon roi Christian IV. Christian IV entend protéger les paysans contre l'oppression seigneuriale. C'est ainsi que disparaît le privilège des nobles et des fonctionnaires de voyager aux frais des ruraux. D'autre part, l'ordonnance religieuse de 1607 place l'Église sous la domination royale. L'administration norvégienne se modernise, répondant d'ailleurs en cela aux exigences des guerres contre la Suède (1643-1645 et 1657-1660). La perte des provinces du Jämtland et du Härjedalen, conséquence de ces guerres, porte un grave préjudice à la noblesse danoise, qui perd ainsi de sa puissance politique. En outre, la charte royale de 1662 accorde à douze villes norvégiennes le monopole du commerce sur l'arrière-pays. Cependant, l'emprise économique danoise se renforce par l'exportation du fer et du verre exclusivement au Danemark et l'importation des céréales en Norvège réservée aux grains danois. En 1660, accablé et saigné par ces guerres, le gouvernement danois entreprend la vente de milliers de fermes appartenant à la couronne. Les paysans norvégiens en sont les principaux bénéficiaires.

Ainsi, leur situation devient nettement supérieure à celle des paysans au Danemark. A la fin du XVIIe siècle, sous l'impulsion du vice-roi Gyldenløve, la Norvège développe sa propre marine. Au début du XVIIIe siècle, cette prospérité sera sérieusement compromise par les épreuves de la grande guerre du Nord contre Charles XII de Suède. Cependant, à partir des années 1730, la montée des prix favorise la promotion d'une bourgeoisie tandis que l'expansion agricole entraîne l'apparition d'un semi-prolétariat rural de défricheurs entre 1720 et 1850. Un soulèvement paysan fait alors comprendre la nécessité de réformes, notamment la suppression du monopole des grains.

Réveil du sentiment national. Le véritable réveil de la paysannerie norvégienne sera provoqué par le piétiste Hans Nielsen Hauge. Son message marque d'une façon indélébile le luthéranisme norvégien, qui sera associé à l'esprit d'entreprise. Le sentiment national s'affermit sans mettre pour autant en cause le loyalisme monarchique. La crise qui va rompre l'union entre le Danemark et la Norvège ne se développera qu'après 1807, lorsque l'attaque britannique contre la flotte danoise amènera le prince régent Fredrik à abandonner la neutralité et à rallier la cause napoléonienne. Le blocus anglais réduit une grande partie de la Norvège à la famine en coupant l'approvisionnement en grains venant du Danemark. Le traité de Kiel entre la Suède et le Danemark, le 14 janvier 1814, donne la Norvège à la Suède sans autre forme de procès, ce qui offusque les Norvégiens. La Suède était alors gouvernée par Bernadotte, ancien maréchal de Napoléon qui sera nommé roi de Suède sous le nom de Karl Johan. Le vice-roi danois, Christian Fredrik, réunit, le 17 mai à Eidsvoll, une assemblée norvégienne qui vote une Constitution d'inspiration franco-américaine.

La Constitution repose surtout sur la séparation des pouvoirs, le législatif revenant au Storting (le Parlement) et le monarque conservant l'exécutif. Cette date du 17 mai devient par la suite la fête nationale de la Norvège. Cette ingérence danoise dans les affaires intérieures d'une Norvège passée sous tutelle suédoise ne plaît pas du tout au roi Karl Johan, qui passe à une attaque armée en juillet de la même année. Cependant, craignant un enlisement de la guerre, Karl Johan accepte des négociations qui se terminent par un accord où la Norvège est déclarée « royaume indépendant libre, soumis à une simple union personnelle avec la Suède ».

Union suédo-norvégienne (1814-1905). La nouvelle union scandinave ne sera pas très heureuse pour ses partenaires. Seuls quelques grands marchands lui étaient favorables pour d'évidentes raisons commerciales. Les Norvégiens, pour leur majorité, seront indisposés par la nomination d'un vice-roi suédois. Et ils persisteront à célébrer le 17 mai au lieu du jour anniversaire de l'Union suédo-norvégienne. Après d'habiles manœuvres, le Storting (Parlement norvégien) obtiendra le droit de hisser le pavillon norvégien sur les navires de l'importante flotte marchande du pays. Les députés norvégiens demanderont également que le gouverneur soit responsable devant le Storting. Le roi Karl Johan d'abord puis Oscar II refuseront d'y souscrire.
En 1884, le chef de la gauche libérale, Johan Sverdrup, obtient un régime parlementaire pour son pays. Des réformes libérales s'ensuivent, orientant le régime politique vers la démocratie. En 1898, le suffrage universel masculin en Norvège est adopté. Pour défendre les intérêts de la marine marchande norvégienne en pleine expansion, le Storting exige la création de consulats uniquement norvégiens. Le roi suédois Oscar II s'y refuse. Le nouveau comité suédo-norvégien ne peut résoudre la crise provoquée par la question de la représentation diplomatique séparée. L'opposition norvégienne, fière de grands hommes norvégiens comme Grieg, Ibsen et Nansen, ira jusqu'à vouloir armer ses forteresses sur les frontières avec la Suède. En mai 1905, les leaders nationalistes norvégiens décident de leur propre chef d'établir un service consulaire séparé. Oscar II refuse toujours de ratifier cette décision. Le Storting finit alors simplement par déclarer abolie l'union avec la Suède, puisque le roi de Suède ne veut pas exercer ses fonctions. Un plébiscite norvégien attribue la couronne du pays au prince Charles de Danemark qui, sous le nom de Haakon VII, devient le premier roi d'une Norvège contemporaine qui n'a pas été un pays indépendant depuis 1380.

Un pays libre depuis 1905

Une démocratie travailliste et neutre. L'union des partis contre la tutelle suédoise ne survivra pas à l'indépendance. La gauche maintiendra sa suprématie pendant les douze années suivantes. Le suffrage universel est élargi aux femmes en 1913. Les réformes sociales s'accélèrent, la révolution industrielle entraîne des changements économiques et sociaux : assurance contre les accidents, secours aux chômeurs, hospitalisation et sécurité sociale dès 1914. Pendant la Première Guerre mondiale, la Norvège reste neutre en dépit de ses sympathies pour la Grande-Bretagne. Cette non-belligérance, qui favorisera la spéculation, aigrira aussi les rapports entre le capital et le travail. L'après-guerre est marquée par une grave crise : avec l'effondrement des prêts et la diminution des constructions navales, de nombreux paysans seront accablés de dettes hypothécaires. Le Parti travailliste norvégien qui verra augmenter ses voix deviendra le parti dominant au Storting après la réforme électorale de 1921.

Une situation stratégique convoitée (1940-1945). Avant la Seconde Guerre mondiale, la Norvège, comme les autres pays scandinaves, était strictement attachée à sa neutralité. En 1938, le gouvernement annonce son intention de s'abstenir de toute participation à un conflit armé. Mais la situation géographique stratégique du pays met en péril sa sécurité. Le gouvernement d'Oslo laisse les Britanniques disposer de ses pétroliers et, dans le même temps, autorise les Allemands à acheminer le fer suédois par le port de Narvik. De toute façon, Hitler était résolu à s'emparer de la Norvège, qui lui assurait un passage vers le Nord. Les fjords norvégiens constituent d'excellentes bases naturelles pour ses sous-marins et l'arrière-pays abriterait des aéroports pour ses avions lancés sur l'Angleterre. L'attaque de la Norvège a lieu dès le 8 avril 1940. L'armée norvégienne étant celle d'un pays de 3 millions d'habitants habitués aux douceurs de la paix depuis cinquante ans, Oslo, Stavanger, Trondheim et Narvik tombent rapidement aux mains de l'envahisseur nazi. Pourtant la forteresse d'Oskarsborg réussit à couler le croiseur allemand Blücher, ce qui a permis au roi Haakon VII et au gouvernement norvégien de quitter Oslo afin de poursuivre la lutte depuis Londres. Handicapées par la distance, les unités franco-anglaises réussissent cependant à débarquer à Namsos, au nord de la Norvège, et à Åndalsnes, plus au sud. L'amiral anglais lord Corck and Orrery et le général français Béthouart, avec ses chasseurs alpins et la légion étrangère, prennent Narvik le 28 mai. Mais c'est un fait d'armes inutile, la supériorité aérienne allemande contraint les alliés à la retraite à Trondheim. Pendant les années d'occupation, une résistance clandestine œuvrera vaillamment, notamment dans l'affaire de l'eau lourde de Vemork, près de Rjukan. Vidkun Quisling, qui forme le gouvernement de collaboration, n'aura ni l'entière confiance des Allemands ni l'appui de la population.

Garde royale à Oslo.

L'après-guerre. En 1949, la Norvège adhère à l'OTAN. Sa frontière avec l'URSS dans l'extrême Nord l'inclinant à coopérer avec les Américains. Mais, avec le temps, les tendances pacifistes se multiplieront (les bases étrangères sont actuellement interdites sur le territoire national). Au lendemain de la Seconde Guerre mondiale, les élections ramènent au pouvoir les Travaillistes qui vont conserver la majorité pendant trente ans. Cependant, en 1965, un gouvernement de coalition formé par les centristes, conservateurs, libéraux et chrétiens, rend possible un assouplissement de l'emprise étatique. Comparé à celui des autres pays européens, le niveau des investissements a été relativement élevé depuis la guerre.

D'importants capitaux ont été investis dans l'industrie électrométallurgique et électrochimique dans l'Ouest et dans le Nord. Cependant, durant la période comprise entre 1957 et 1966, le taux annuel de croissance est resté inférieur à celui des pays du Marché commun en raison du coût plus élevé des infrastructures comme les transports dans un pays de fjords et de montagnes ainsi que de l'augmentation relativement faible de la population active. La découverte du pétrole dans les années 1970 sur le socle continental en mer du Nord est une chance inespérée pour l'économie norvégienne : le revenu par habitant est aujourd'hui l'un des plus élevés du monde. En janvier 1970, une importante réforme fiscale est mise en place. L'introduction de la TVA allège l'impôt direct sur les revenus tout en majorant les allocations familiales et autres prestations sociales.

Lyngor.

La Norvège dans l'Europe. L'adhésion de la Suède et de la Finlande à l'UE (Union européenne) en 1994 fait qu'il ne reste plus aujourd'hui du côté de l'AELE (Association européenne de libre-échange) que la Norvège, l'Islande et le Liechtenstein. Quant aux îles Féroé et au Groenland, territoires autonomes danois, ils se sont récemment retirés de l'UE malgré l'adhésion du Danemark, qui date de 1973.

C'est la découverte de grandes quantités de pétrole et de gaz en mer du Nord qui a renforcé la liberté de manœuvre de la Norvège. Cependant, le refus norvégien à l'adhésion à l'UE voté à plusieurs reprises, ne constitue pas pour autant un refus de collaboration. Le Parti démocrate chrétien en coalition avec le Parti centriste (SP) et le Parti libéral (V) n'envisage pas d'adhésion à l'Union européenne. L'accord sur l'EEE, signé en 1992, est considéré comme une alternative suffisante. En effet, la Norvège tient à développer la coopération existante. Dès qu'a été connu le résultat, négatif, du dernier référendum en 1994, le gouvernement a pris contact avec l'UE dans ce sens.L'UE représentant quelque trois quarts du commerce extérieur de la Norvège, un accès libre à ce marché est primordial pour les entreprises norvégiennes. En effet, la Norvège fait partie du marché intérieur de l'Europe par son adhésion à l'EEE. De même que les autres membres de l'UE, la Norvège assure la libre circulation des « quatre libertés », à savoir marchandises, services, capitaux et personnes (peut-être même avec plus de rigueur qu'un membre à part entière). Les produits de la pêche et de l'agriculture font encore l'objet de droits de douane. Le pétrole est géré par l'État, qui investit le surplus dans une énorme cagnotte réservée pour les générations futures de l' « après-pétrole »

Les années 1990. Après les gouvernements travaillistes dirigés par Mme Gro Harlem Brundtland, de 1986 à 1989 et de 1990 à 1996, Thorbjørn Jagland reprend le flambeau pour une courte période. Il démissionne en septembre 1997 à la suite de l'échec du Parti travailliste aux législatives. Le démocrate-chrétien, Kjell Magne Bondevik, un ancien pasteur, lui succède à la tête d'une coalition de droite. Son gouvernement est marqué par de nombreux problèmes, difficultés et catastrophes, dont le sinistre Sleipner dans le secteur du pétrole et le terrible accident de train de la petite ville d'Åsta. La lutte pour la famille immigrée Atab, près de Stavanger, est devenue le symbole d'une solidarité internationale et d'un assouplissement de la politique d'accueil des demandeurs d'asile politique. La fin de ce gouvernement de droite est marquée par l'arrêt de travail sur une longue période de Kjell Magne Bondevik pour dépression nerveuse... La privatisation des services publics est l'un des principaux thèmes du débat politique de ces dernières années. Mais c'est sur une question d'environnement que le gouvernement Bondevik achoppe et qu'il est obligé de démissionner en mars 2000

Le retour des sociaux-démocrates. Le même mois est alors constitué un gouvernement travailliste avec pour Premier ministre Jens Stoltenberg. A 41 ans, le chef du nouveau gouvernement, toujours minoritaire, est le plus jeune Premier ministre que le pays ait connu. Néanmoins, il a déjà été Secrétaire d'État au ministère de l'Environnement. Son père, Thorvald Stoltenberg, fut jadis successivement ministre des Affaires étrangères, ministre de la Défense, haut-commissaire pour les réfugiés à l'ONU et médiateur de la paix dans les Balkans

Une coalition fragile. Entouré d'une équipe dynamique, le nouveau gouvernement n'emporte pas la confiance des Norvégiens. Aux élections de septembre 2001, le Parti travailliste perd les élections législatives. Une coalition de centre-droit peut donc se construire permettant à Kjell Magne Bondevick de reprendre sa fonction de Premier ministre à laquelle il avait renoncé en mars 2000. Les ministères clés sont confiés à des hommes d'horizons aussi différents que variés. Les Affaires étrangères reviennent à Jan Petersen, leader du Parti conservateur depuis 1994, le portefeuille du Pétrole et de l'Energie est dévolu à Einar Steensnæs, chrétien-démocrate, et celui de la Justice et de la Police à Odd Einar Dørum du Parti libéral.

La coalition dispose d'une assise parlementaire néanmoins très fragile. Avec seulement 62 sièges sur 165 au Storting, le gouvernement de Kjell Magne Bondevick éprouve de grandes difficultés à mener une politique de fond. Pour voir leurs projets aboutir, les dirigeants norvégiens doivent chercher le soutien des deux autres partis forts à savoir le Parti populiste (43 sièges) et le Parti du Progrès (25 sièges), formation populiste et xénophobe. Le PP mené par le charismatique Carl Ivar Hagen, en s'unissant à la politique de l'actuel gouvernement, gagne en crédibilité auprès des électeurs et selon les sondages. Malgré ce blocage politique, les finances de l'Etat se portent bien, l'excédent budgétaire s'élevant à près de 90 milliards pour 2002 est réinvesti dans des fonds internationaux destinés à l' « après-pétrole ». L'essentiel des échanges commerciaux se faisant avec les Etat membres de l'Union européenne, le gouvernement, au même titre que ses prédécesseurs, tente vaille que vaille d'harmoniser l'économie norvégienne avec les conditions fixées par les pays communautaires. Reste à parier que la classe politique suive le gouvernement pour donner une place plus en vue aux riches Norvégiens qui doivent se contenter encore aujourd'hui du surnom de « Arabes de la mer du Nord »

Depuis 2005. En 2005, la gauche norvégienne sort vainqueur des élections législatives de septembre, grâce à une coalition regroupant les centristes et les socialistes autour du leader travailliste Jens Stoltenberg. Ce dernier, de retour au poste de Premier ministre, propose un nouveau programme social et environnemental. Les dépenses publiques augmentent en faveur des familles, de l'environnement et des collectivités, ainsi que la pression fiscale sur les revenus et les entreprises. Enfin cette politique encourage l'innovation concernant l' « après-pétrole ». Ce gouvernement, en place jusqu'en 2009 a mis au centre de ses préoccupations la question du Grand Nord : son aménagement et la préservation de son environnement. Concernant la politique extérieure, la gauche n'a cessé de s'opposer à une politique pro-américaine. Ainsi, les troupes norvégiennes ont été retirées d'Irak. Le gouvernement soutient l'ONU au détriment de l'OTAN.

Toutefois, en septembre 2013, c'est la droite qui revient au pouvoir après les élections législatives. Une alliance entre le Parti conservateur (26,8 %) et le Parti du Progrès (16,3 % considéré comme populiste) forme un gouvernement dirigé par la conservatrice Erna Solberg. Le Parti travailliste reste tout de même le premier parti de Norvège, avec 30,8% des voix. Dans cette nouvelle politique, on lit une volonté de durcissement de la politique d'immigration, une libéralisation du pays (avec notamment l'ouverture des magasins le dimanche, l'augmentation des limites de vitesses sur autoroute). Il faudra toutefois l'accord des autres partis présents au Parlement pour entamer ces réformes. En mars 2013, les députés socialistes de gauche proposent que le Royaume soit transformé en République, ce qui est rejeté par le Parlement. 93% des Norvégiens apprécient leur roi, Harald V, ainsi que sa descendance, le prince héritier Haakon. Enfin, en mai 2014, la Norvège fête le Bicentenaire de sa Constitution.

POPULATION

Démographie

La surpopulation est ici un problème inconnu, même en milieu urbain où vit la majorité de la population. La Norvège occupe les deux tiers de la surface de la France, mais avec une population de seulement 5,1 millions de personnes. La Norvège a longtemps mené une politique de décentralisation, contrairement à la Suède voisine, où la plupart des villages se sont vidés de leur population, à tel point que des animaux sauvages comme l'ours brun et le loup trouvent aujourd'hui des forêts assez vastes pour y prospérer... passer la frontière et décimer les troupeaux de moutons des fermiers norvégiens, qui doivent munir leurs bergers d'armes à feu. En Norvège, on trouve encore des hameaux jusque sur les îles de la côte et au fin fond de la campagne. Ils s'agrippent à une terre souvent hostile.

Mode de vie

Géographiquement, historiquement et culturellement la Norvège possède des différences marquées avec l'Europe, le « continent » comme les Norvégiens l'appellent. Habitué à lutter contre les éléments, le Norvégien refuse toute forme de contrainte et de soumission. Il refuse la hiérarchie fondée sur le seul principe d'autorité. Il revient à chacun d'assurer ses fonctions, suivant ses aptitudes, ni supérieures ni inférieures à celles des autres, mais différentes. Cet égalitarisme devient parfois synonyme de nivellement. La contrainte exercée par le groupe peut s'observer très concrètement dans les régions des fjords où domine la loi rigoureuse du piétisme. A un tel point que le Norvégien confondra souvent le mot « plaisir » avec celui de « faute ». Malgré l'image qu'ont les Latins des mœurs libérées scandinaves, le puritanisme de la religion protestante est toujours sous-jacent.

Religion

En Norvège, il n'y a pas de séparation entre l'Église et l'État. Le christianisme est d'obédience luthérienne et englobe 93 % de la population.
Les autres cultes déclarés se répartissent ainsi (en ordre décroissant) : pentecôtistes, catholiques, musulmans, méthodistes et témoins de Jéhovah.

© LAILARBERG – ISTOCKPHOTO

Église de Fredrikstad.

ARTS ET CULTURE

Architecture

La Norvège est réputée pour ses constructions en bois, en tête desquelles les églises en bois debout, traduisez Stavkirke. On en dénombre aujourd'hui 28 que l'on date du XIe siècle. Elles étaient construites sur de grands pieux enfoncés dans le sol. Sur certaines, des grosses pierres ont été rajoutées afin de consolider les édifices. Les églises en bois debout sont le résultat d'un mélange de deux architectures : les symboles chrétiens sont mélangés à ceux des Vikings. Elles sont encore nombreuses dans le Centre et l'Est du pays, même si l'Unesco a inscrit en 1979 au patrimoine mondial celle d'Urnes qui se trouve dans la région des Fjords.

C'est l'Art nouveau qui prédomine : une génération de jeunes artistes prônent en ce début de XXe siècle un mariage soigné entre les anciens matériaux (bois et pierre) et les nouveaux comme le fer, le verre. On dessine sur les rampes d'escaliers, les moulures de meubles ou les portes des fleurs colorées, des arbres et des animaux. En France, Nancy est une ville marquée par ce courant architectural et, en Norvège, la ville d'Ålesund, détruite en 1904 par un incendie, en est un superbe exemple. Une balade dans les ruelles et la visite du centre d'Art nouveau et de l'ancienne pharmacie est indispensable pour comprendre ce courant. A noter que la ville est très appréciée des Norvégiens, souvent considérée comme l'une des plus charmantes du pays…

Artisanat

Que ramener de son voyage ?

Le souvenir le plus typique est le jacquard norvégien sous toutes les formes : pulls, bonnets, gants, chaussettes… Il existe aussi des vêtements et des accessoires en peau d'élan. Les jeunes Norvégiens raffolent des sacs à dos en cuir naturel. Quelques rares marques norvégiennes font des vêtements de sport (Helly Hansen), imperméables et chauds, ainsi que des tentes et des sacs de couchage polaires (Ajungilak of Norway).

- **Les bijoux** sont en argent ou en pierres semi-précieuses, comme le thulium ou ultima thule, la pierre nationale.
- **Le design norvégien** se caractérise par des lignes pures dans les objets de verre (Hadeland), de porcelaine (Porsgrunn) et de céramique.
- **Les couverts en étain** (l'étain norvégien ne contenant pas de plomb, il ne s'oxyde pas au contact alimentaire). Le fameux couteau à fromage pour trancher le geitost, fromage de chèvre caramélisé, est une invention norvégienne. Les articles en bois, sculptés et peints aux motifs traditionnels, comme le rosemaling (peinture de roses), les boîtes en écorce de bouleau style Shaker.
- **Les nappes brodées** au point de Hardanger.
- **Les incontournables** figurines de trolls, les maquettes de drakkars. Les

longs couteaux lapons et les tollekniv, couteaux parfois très ouvragés que les paysans portaient avec leur costume folklorique. Les peaux de renne, de chèvre, de mouton noir, mais aussi d'animaux sauvages comme le loup ou le phoque.

- **Des manteaux de fourrure** d'élevage de vison ou de renard bleu (Saga Furs). Les chaussures comme les mocassins d'Aurland, les chaussons de feutrine ou en peau de phoque, les chaussures lapones en fourrure de renne.
- **Créé en 1888, Husfliden** est une chaîne de boutiques d'artisanat réparties un peu partout en Norvège. Les articles sont un peu chers mais de très bonne qualité, complétés de spécialités selon les régions.

Cinéma

L'actrice norvégienne la plus connue reste Liv Ulmann. L'ancienne épouse d'Ingmar Bergman a largement bénéficié de la reconnaissance internationale de son époux à travers des films entrés dans la légende du cinéma comme Persona, Une passion, Infidèle, L'Heure des loups et surtout Sonate d'automne. Quelques films norvégiens ont fait sensation depuis quelques années tels Erling nommé aux Oscars en 2001 ou encore Je m'appelle Nina où Gérard Depardieu fait une apparition, en 2002. La production cinématographique locale n'apparaît pas aussi foisonnante que celle du voisin suédois même si l'école de l'audiovisuel de Lillehammer a acquis une réputation mondiale. On peut ainsi s'étonner que les Norvégiens ne soient encore parvenus à sortir un film référence et à résonance mondiale sur la période viking…

Église en bois debout de Bygdoy.

Littérature

Outre les traditionnels Knut Hamsun, prix Nobel de littérature en 1920 (La Faim) ou Henrik Ibsen (Le Canard sauvage, Une maison de poupée) ou encore Peer Gynt, de nouveaux auteurs ont fait leur apparition, en particulier Jostein Gaarder et Le Monde de Sophie au succès planétaire (notamment en France, ce livre a été traduit par Hélène Hervieu aux éditions Seuil).

L'histoire de la philosophie occidentale y est retracée par le biais d'une fiction romanesque. Egalement traduits aux mêmes éditions : Le Mystère de la patience, Dans un miroir obscur et Vita Brevis.

Pour les plus experts, il conviendra de noter Bjørstein Bjørnson, auteur du XIXe siècle.

Son influence fut considérable, il composa l'hymne national (Ja, vi elsker dette lander : « Oui nous aimons ce pays ») au rythme du libéralisme anti-suédois et d'un scandinavisme exacerbé qui marqua toute sa vie.

Musique

La Norvège a connu un renouveau intéressant ces dernières années surtout en ce qui concerne la musique jeune. Après le groupe A-Ha des années 1980 (en perpétuelle tentative de renouveau), de nouveaux groupes ou chanteuses sont apparus tels Aqua (Barbie Girl), Lene Marlin (Sitting Down Here), plus récemment Kings of Convenience ou encore Biosphere. Une particularité locale réside dans l'intérêt considérable que les Norvégiens portent à l'Eurovision. Retransmis tous les ans et suivi fidèlement par de nombreux locaux, il fait souvent l'occasion de rencontre entre amis où chacun doit venir vêtu de son accoutrement le plus kitsch... Amateurs du second degré, les Norvégiens apprécient ce concours. Il convient de noter que la Norvège fait partie de ces pays qui préfèrent chanter en anglais que dans leur propre langue, à quelques exceptions près. Enfin, sur le plan de la musique lyrique, Syssel Kirkjebø rencontre un succès mondial grâce à une voix exceptionnelle. En musique classique, Edvard Grieg (1843-1907) semble incontournable. Compositeur du XIXe siècle, il étudie Schumann et Mendelssohn avant de développer son style propre, empreint de mélancolie et de rythmes populaires. Il traduisit en musique La Magie de Peer Gynt (la célèbre pièce d'Ibsen). Qui n'a pas entendu au moins une fois dans sa vie la Chanson de Solveig ou Le Matin ?

Peinture et arts graphiques

La Norvège offre deux artistes majeurs :

- **En peinture, Edvard Munch (1863-1944)** dispose de son propre musée à Oslo. *Le Cri* et *La Madone* restent ses œuvres les plus célèbres. Il a contribué à la formation de l'expressionnisme au XXe siècle.
- **Gustav Vigeland (1869-1943)** demeure un sculpteur unique en son genre. Le parc Vigeland d'Oslo expose gratuitement une quantité impressionnante de ses œuvres qui retracent toutes les souffrances de l'homme. Saisissantes d'émotions, ces sculptures ne sont pas sans rappeler Rodin. Peuplé par Vigeland en 1924 de 650 statues, ce parc représente l'aboutissement d'une vie d'artiste sur laquelle il convient de s'arrêter.

Théâtre

Oslo dispose de trois grands théâtres : Nationaltheatret (le Théâtre national), Den Norske Teater (le Théâtre norvégien), Oslo Nye Teater (le Nouveau Théâtre d'Oslo), ce dernier étant plutôt un cabaret. Un certain nombre de théâtres de moindre importance présentent de même des productions locales.

La ville a inauguré en 2008 son nouvel Opéra, l'un des plus grands édifices culturels du pays. C'est un immense rectangle de verre encadré de courbes trompeuses qui dispose d'une capacité de 1 350 places, et est situé juste au bord de l'eau.

La ville d'Oslo dispose aussi de la seule école d'art dramatique du pays qui ne prend que le nombre exact d'élèves requis (à peine une dizaine par an...).

FESTIVITÉS

Janvier

FESTIVAL POLARJAZZ

LONGYEARBYEN
www.polarjazz.no
polarjazz@gmail.com
Festival Polarjazz à Longyearbyen, le festival de jazz le plus septentrional du monde, a su s'imposer en quelques années comme un festival de référence et de qualité où se retrouvent les meilleurs musiciens du pays. Le festival a lieu à Longyearbyen, la plus grande ville de l'île Spitsbergen, dans l'archipel des Svalbard.

Février

RØROSMARTNAN

RØROS
www.rorosmartnan.no
post@rorosinfo.com
Cette grande fête hivernale a lieu tous les ans depuis son instauration en 1854.

Pendant 5 jours, Røros se transforme en un marché géant, animé jour et nuit, où se mèle stands de nourritures, d'artisanat traditionnel, de fermes ambulantes, de danses et d'événements culturels. La manifestation est un événement national et regroupe jusqu'à 75 000 visiteurs. Le clou du spectacle est l'arrivée de 80 attelages de chevaux venant de Suède, de l'Østerdalen, du Hedmark, de Gauldalen et de Tydal, après 15 jours de voyages sur un mode traditionnel.

Mars

PÂQUES SAMIES

KAUTOKEINO
Les Samies célèbrent Pâques, une manière de fêter la fin de la nuit polaire. Le festival se tient à Kautokeino, lieu traditionnel de rencontre du peuple same, à cette époque de l'année. Manifestations traditionnelles, courses de rennes, le Grand Prix Sami et des fêtes religieuses y sont organisés.

Quartier de Bryggen à Bergen.

Mai

JOUR DE LA CONSTITUTION – 17 MAI

OSLO

17 mai (*syttende* mai), le jour de la fête nationale, célèbre la signature de la constitution, en 1814, qui a marqué l'indépendance de la Norvège. C'est sans aucun doute le jour le plus important dans toute la Norvège. Aujourd'hui, la fête nationale est célébrée en grandes pompes : le jour est férié et les Norvégiens revêtent leur *Bunad* (costumes traditionnels dont la forme et les couleurs varient selon la région). Le matin, les enfants de toutes les écoles défilent en fanfares, c'est le *barntog* (train des enfants). Les militaires marchent également en musique. Le défilé s'arrête, à Oslo, aux pieds du palais royal. Du balcon, la famille royale au grand complet salue la foule. L'après-midi, il est de coutume d'aller manger, chez les uns et chez les autres, des repas traditionnels. Les Norvégiens acceptent généralement plusieurs invitations. Le soir, l'esprit est à la fête. Le bicentenaire a eu lieu en 2014 !

Septembre

LE MARCHÉ DE DYRSKU'N

SELJORD

dyrskun.no

A Seljord se tient le plus grand marché traditionnel de Norvège. On y présente aussi le bétail.

Décembre

REMISE DU PRIX NOBEL DE LA PAIX

OSLO

nobelpeaceprize.org

postmaster@nobel.no

Remise du prix Nobel de la paix à l'hôtel de ville d'Oslo, la famille royale, le comité du prix Nobel et tous les habitants d'Oslo se retrouvent le 10 décembre pour annoncer le nom du nouveau lauréat.

17 mai, jour de fête nationale dans les rues d'Oslo.

LA CUISINE NORVÉGIENNE

La cuisine norvégienne est une cuisine du nord, qui offre traditionnellement peu de produits frais, tout en étant assez lourde pour que l'apport calorifique soit suffisant en hiver. L'huile d'olive était quasi inconnue jusqu'à la dernière décennie ; la cuisine est traditionnellement préparée au beurre.

On consomme beaucoup de laitages, de bons fromages, ainsi que du poisson frais sur la côte. Le gibier constitue un apport non négligeable dans la cuisine traditionnelle. La Norvège se présente également comme une victime de la « malbouffe » qui frappe le monde entier et volontiers comme l'un des pays où la consommation de pizzas par habitant est la plus élevée. L'obésité y a fait son apparition depuis quelques années. Quel dommage lorsque l'on connaît la qualité des poissons (notamment le saumon ou encore la lotte) et des cuisiniers en Norvège. Depuis sa création en 1987, la Norvège a remporté 4 fois le Bocuse d'or (contre 6 pour la France) : le dernier en date a été remporté en 2009 par le jeune chef Geir Skeie (28 ans), exemple parmi tant d'autres de la qualité des chefs norvégiens et de la cuisine du pays.

PRODUITS ET SPÉCIALITÉS

Produits

Poissons

La cuisine norvégienne offre un assortiment de plat de poissons. Lotte, morue, poisson-chat ou rouget, le choix offert par la plupart des restaurants reste des plus intéressants.

En potage (garni de câpres), à la vapeur (avec une sauce blanche et des pommes de terre vapeur, essayer chez soi la lotte au pesto passée au four) et grillés, les poissons s'accommodent donc de diverses manières. Le saumon demeure le poisson roi.

Vendu jusqu'à 5 € le kg (42 NOK), il garnit de nombreux plats et constitue l'aliment essentiel de nombreux dîners. Une recette simple consiste à le laisser bouillotter dans une soupe à la tomate accompagnée d'aubergines en cubes et oignons, piments libres : simple et régal garanti !

- **Le boknafisk,** une spécialité du nord du pays, est un poisson à demi-séché au goût corsé, servi avec des pommes de terre en robe des champs et du lard.
- **Le fiskmolje** est une spécialité des Lofoten. C'est un mélange de foie de morue et d'œufs de poisson. Il existe aussi plusieurs sortes de harengs marinés, dont le sursild aux oignons crus.
- **Les fiskeboller** sont des quenelles de poisson à la sauce béchamel.
- **Le kaviar** en tube est une pâte à tartiner à base d'œufs de poisson.

Le lutefisk est une spécialité que l'on servait surtout à Noël. La cuisine traditionnelle revenant au goût du jour, on le trouve maintenant toute l'année dans de nombreux restaurants. Poisson séché puis réhydraté dans de l'ammoniaque, il a un aspect gélatineux, bonne excuse encore pour prendre un petit verre d'aquavit. On le déguste mélangé à de la purée de petits pois, de bacon et de pommes de terre. Ce plat est une sorte de rituel, dans un premier temps réservé aux hommes. On s'organise des soirées sur ce thème.

Le saumon. La cuisine norvégienne est surtout connue par son saumon, l'un des meilleurs du monde. Au siècle dernier, les aristocrates anglais venaient pour la pêche sportive au saumon, tout comme ils allaient participer à des safaris en Afrique. Ces « lords du saumon », comme on les appelait en Norvège, se faisaient accompagner par les paysans, qui leur servaient aussi de rameurs pour la pêche en barque. Ne les trouvant pas très propres, ils voulaient leur apprendre à manger le saumon cuit, et non cru, même s'il était mariné ou fumé.
En Norvège le saumon continue à se servir fumé (røklaks) ou mariné (gravlaks). Sa couleur indique s'il est maigre ou gras. Les Norvégiens l'aiment plutôt rouge, donc gras, justifiant ainsi le traditionnel petit verre d'aquavit glacé qui l'accompagne pour la digestion.

Gibier

La gastronomie locale ne se limite pas au poisson : les élans et les baleines fournissent des viandes de haute qualité (la viande de bœuf importée presque à 100 % atteint des prix prohibitifs).

La perdrix des neiges, un lagopède de haute montagne, est un plat savoureux, servi en sauce gibier.

La viande de renne se déguste en boulettes, en finnebiff, en minces tranches arrosées de sauce d'airelles, ou en pinnekjøtt, séchée et fumée. La confiture d'airelles, tyttebær, est peu sucrée et son goût acidulé se marie très bien avec le gibier, un peu à la manière des chutneys accompagnant les currys et autres plats de viande.

La viande de baleine (chassée selon des quotas) offre une texture tendre et goûteuse qui se rapproche du tournedos. Une sauce brune et quelques pommes de terre au four (les pommes de terre accompagnent presque tous les repas norvégiens !) constituent un accompagnement agréable.

La viande d'élan pourrait se classer comme une viande forte : extrêmement goûteuse, plutôt serrée, on la trouve dans tous les supermarchés (contrairement à celle de baleine beaucoup plus difficile à trouver !).

Spécialités

Le geitost est un fromage de chèvre roux, caramélisé et légèrement sucré.

La baleine étant un mammifère, le steak de baleine (hvalbiff) est une viande rouge.

La viande de phoque est également une viande rouge, délicieuse quand elle est bien préparée, au risque de choquer certains défenseurs. Dans le Nord, on la sert dans de nombreux restaurants, en grillades, en ragoût ou même en lasagnes.

Patisseries et cafés à Oslo.

- **Le rømmegrøt** est un porridge à la crème fraîche, saupoudré de cannelle et servi avec du beurre fondu.
- Le **klubb i dyppe** est une quenelle de farine dans une sauce légèrement sucrée, le tout arrosé de graisse de bacon.
- **Les komler,** une spécialité de la côte, sont des quenelles de mouton avec de la saucisse, accompagnées de navets à la graisse de bacon.
- **Le raspeballer og saltkjøt** est un plat de viande salée et de quenelles de pommes de terre.

Desserts

- **Les multer** sont des baies polaires ressemblant à de grosses mûres jaunes. Elles ont un parfum très particulier, on aime ou on n'aime pas.
- **Les tilslørte bondepiker,** ou « bergères voilées », sont des pommes cuites en couches alternées, recouvertes de crème Chantilly et de chapelure.
- **Les skillingsboller** sont des brioches à la cannelle que l'on trouve surtout à Bergen.
- **Le fromasj** n'est pas un fromage, mais un soufflé aux fruits.
- **Le riskrem** est du riz au lait battu avec de la crème fraîche.
- **Le trollkrem,** la crème des trolls, est composée de blancs d'œufs battus en neige avec des airelles et du sucre.
- **Le bøtkake** est un grand gâteau de fête de plusieurs étages à la crème Chantilly, fourré de fruits et de compotes.

Pains, crêpes et gaufres

La Norvège offre un choix de pains important. Les pains complets sont les plus consommés même s'il demeure possible de trouver du pain blanc.
Les Norvégiens attendent de leur pain qu'il soit épais, solide et « tienne » bien au corps pour les froides journées d'hiver même si une fois arrivés en France, ils aiment se délecter d'une bonne baguette ! La baguette coûte de 12 NOK (1,52 €) à 18 NOK (2,3 €).
La boule de campagne demeure très difficile à trouver si ce n'est dans les supermarchés Meny qui offrent un choix de pains et viennoiseries identique à celui proposé dans des boulangeries françaises comme celles renommées de United Bakeries (Karl Johan, Majorstua, Frogner, CC Vest) et Åpen Bakerie (Frogner).

- **Le smørgåsbord** désigne un grand buffet, souvent festif, d'origine suédoise, où les sandwichs sont préparés avec différents pains, comme lesmørbrød, confectionné avec du pain de mie.
- **Le knekkebrød** est le crack-pain scandinave bien connu ; le flatbrød, sa version traditionnelle, est une sorte de pain azyme très mince.
- **Les lomper** sont des petites crêpes aux pommes de terre servant à envelopper les hot-dogs à la scandinave.
- **Les vafler** sont des gaufres en forme de cœur. Leur épaisseur est plus fine que les gaufres vendues en France. A noter que la confiture à étaler est comprise dans le prix d'achat de la gaufre (la confiture est souvent en self-service).

Retrouvez l'index général en fin de guide

SPORTS ET LOISIRS

La pêche sportive

Les amateurs de pêche trouveront sans aucun doute leur bonheur dans les eaux norvégiennes. Un bon nombre de séjours sont organisés autour de ce hobby.

On y pratique la pêche en mer, la pêche en rivière ou au bord des fjords et dans les rivières de montagnes. Mais il y a quelques règles, que les Norvégiens respectent et (et le touriste aussi !).

La pêche en mer est libre toute l'année, à trois exceptions près : le saumon, la truite et l'omble chevalier. Vous devez alors payer une taxe de 200 Kr (payable dans les postes).

De juin à août, c'est la période idéale pour pêcher du saumon et de la truite saumonée dans les rivières à l'intérieur du pays ou tout près des côtes. Il faut s'acquitter de la taxe et parfois même d'un permis de pêche local ou régional. Il est possible d'acheter un permis de pêche dans les magasins de sport, les campings ou les offices de tourisme.

Ski

- **Saut à ski.** Sport traditionnel en Norvège même si l'équipe nationale n'a guère brillé depuis quelques années. En 2006 a brillé Anders Jacobsen.
- **Ski alpin.** Les sportifs Lasse Kjus et Kjetil André Aamodt ont assuré à la Norvège son lot de médailles d'or dans toutes les compétitions internationales.

© TERJE RAKKE – NORDIC LIFE – VISITNORWAY

Le Geirangerjford dépend du comté de Møre og Romsdal.

© SVERRE HJØRNEVIK – VISITNORWAY

Randonnée dans le Nordfjord.

Ski de fond. Le sport roi de la Norvège. Les champions et les médaillés olympiques y sont innombrables. Bjorn Daehli demeure une véritable légende depuis ses luttes au coude à coude... et ses victoires face au Russe Smirnov. Aujourd'hui, Petter Northug est une star parmi les fondeurs du monde entier. Dans toutes les disciplines de ce sport (biathlon, course style classique ou libre, relais), la Norvège ne cesse de dominer son sujet. Il faut souligner que ce sport est quasi obligatoire pour les enfants à l'école. Les fameux skidag (jour de ski) demeurent une institution où tous les enfants d'une école participent et passent une journée complète sur des skis de fond. Un des devoirs du père de famille réside dans le fait d'apprendre la technique de ce sport à ses enfants. Les structures de détection et les sections sport-études font le reste...

Ski Telemark. Effectué avec des skis spéciaux, les virages s'effectuent un genou à terre. Cette forme de ski domine dans certaines régions de Norvège, en particulier celle du... Telemark d'où ce sport est originaire.

Football (féminin)

Dans ce sport où l'équipe masculine n'a jamais véritablement brillé, l'équipe féminine demeure l'une des toutes meilleures au monde avec deux titres européens (1987 et 1993), un mondial (1995) et une médaille d'or olympique en 2000. Le football féminin est un sport majeur et parfaitement structuré en Norvège. Les meilleures joueuses s'exportent vers le championnat américain.

Hand-ball (féminin)

Dans ce sport encore, l'équipe masculine ne s'est jamais vraiment illustrée, au contraire de leurs homologues féminins qui survolent la discipline depuis quelques années déjà en accumulant titres mondiaux et européens. La Norvège domine actuellement le handball féminin mondial. L'équipe a remporté la médaille d'or olympique aux jeux de Pékin en 2008.

ENFANTS DU PAYS

Gro Harlem Brundtland

Née en 1939. Elle a été qualifiée de « dame de fer norvégienne ». Pendant une dizaine d'années, elle a été Premier ministre de plusieurs gouvernements de coalition. Depuis toujours, elle est un fervent défenseur de l'écologie mondiale. Elle est à l'origine du terme de « développement durable ». Ambassadrice d'une Norvège attachée aux valeurs humanitaires, Gro Harlem Brundtland a été la première femme à présider l'Organisation mondiale de la santé (OMS), entre 1998 et 2003. En 2011, elle est l'une des cibles principales des attentats qui ont lieu à Oslo et sur l'île d'Utoya.

Eva Joly

Juge « incorruptible » en France d'origine norvégienne tellement médiatisée par les affaires qu'elle menait tambour battant avec sa collègue Vichnievsky qu'on ne la présente plus. Elle s'est installée en Norvège en 2002 pour lutter contre la corruption, comme conseiller spécial du gouvernement. En 2006, Claude Chabrol s'est inspiré de sa vie pour réaliser le film L'Ivresse du pouvoir. Elle a vivement critiqué le film qui ne reflétait pas, selon elle, la réalité des malversations financières. Elle possède la double nationalité française et norvégienne, ce qui lui a permis de se présenter aux élections présidentielles françaises pour Europe Ecologie – Les Verts en 2012. Sa candidature reçoit un accueil plutôt froid (2,31 % des voix). En 2014, elle marque clairement son désaccord avec le gouvernement socialiste de François Hollande et demande le départ d'EELV du gouvernement.

Haakon et Mette-Marit

Parmi les représentants de la famille royale, le couple héritier représente de loin le centre d'attraction le plus populaire aussi bien dans le pays qu'à l'étranger. Un véritable mythe à la Cendrillon entoure ce couple : lui prince héritier, officier de marine, diplômé de Berkeley, va chercher une roturière timide, modeste et divorcée (avec un enfant).

© BORIS ADAMOVSKI – ICONOTEC

Jeunes visiteurs du parc Vigeland à Oslo.

Terje Rød-Larsen

Grand initiateur avec son épouse de l'accord d'Oslo entre Israël et la Palestine, il est nommé en 2000, par le Secrétaire général de l'ONU, représentant officiel de l'ONU au Moyen-Orient. Il y prendra des positions courageuses et symbolise à lui seul l'indépendance et la pertinence de la diplomatie norvégienne. Il a quitté son poste en 2004 pour devenir président de l'Académie internationale pour la paix.

Jo Nesbø

Né en 1960 à Oslo, cet auteur de romans policiers fait ses premières armes dans la musique. Une formation de journaliste économique en poche, il est le leader d'un groupe pop qui tourne sur les scènes norvégiennes entre 1993 et 1998. Il décide alors d'écrire, et son premier roman est un succès. L'Homme chauve-souris est couronné meilleur roman policier nordique. Avec son héros récurrent Harry Hole, Jo Nesbø nous entraîne dans des enquêtes policières qui ont Oslo pour toile de fond. L'un des derniers romans s'intitule Le Bonhomme de neige, paru en 2008 dans la collection « Série Noire » de Gallimard. Le Léopard, paru en 2010, est son cinquième roman à paraître dans cette collection. Chasseurs de têtes paraîtra chez Folio Policier le 27 janvier 2011. L'auteur prépare une adaptation des chasseurs de têtes, avec dans le rôle principal la star norvégienne Aksel Hennie. Les droits du livre sont reversés à la Fondation Harry Hole, qui s'emploie à fournir aux enfants des pays en voie de développement un apprentissage de la lecture et de l'écriture. Toujours dans la série Harry Hole, il publie Fantôme et Police en 2013 et 2014.

Skaala tower, Nordjford.

VISITE

Vue sur l'Opéra d'Oslo depuis le fjord.

© SERGE OLLIVIER – AUTHOR'S IMAGE

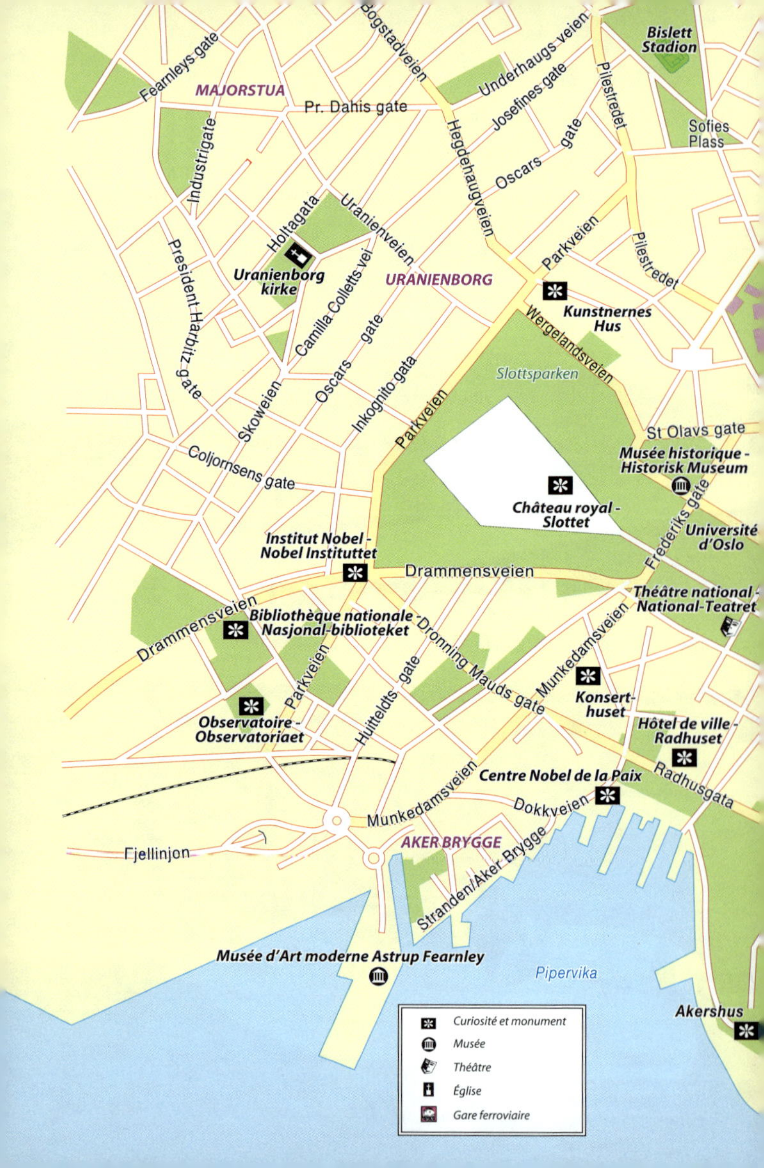
Fearnleys gate
MAJORSTUA
Pr. Dahls gate
Bogstadveien
Underhaugs-veien
Josefines gate
Bislett Stadion
Pilestredet
Sofies Plass
Industrigate
Hegdehaugveien
Oscars gate
Holtagata
Uranienveien
Uranienborg kirke
Camilla Colletts vei
URANIENBORG
Parkveien
Kunstnernes Hus
Wergelandsveien
President Harbitz gate
Slottsparken
Oscars gate
Inkognito gata
Skoweien
Parkveien
St Olavs gate
Musée historique - Historisk Museum
Coljornsens gate
Château royal - Slottet
Frederiks gate
Université d'Oslo
Institut Nobel - Nobel Instituttet
Drammensveien
Théâtre national - National-Teatret
Drammensveien
Bibliothèque nationale - Nasjonal-biblioteket
Dronning Mauds gate
Munkedamsveien
Parkveien
Huitfeldts gate
Konsert-huset
Observatoire - Observatoriaet
Hôtel de ville - Radhuset
Centre Nobel de la Paix
Radhusgata
Munkedamsveien
Dokkveien
Fjellinjon
AKER BRYGGE
Stranden/Aker Brygge
Musée d'Art moderne Astrup Fearnley
Pipervika
Akershus
Curiosité et monument
Musée
Théâtre
Église
Gare ferroviaire

Oslo
Ullevålveien
Bjerrgaards gate
Akersbakken
Eglise de Gamle Aker - Gamle Aker Kirke
Maridalsveien
Grünersgate
Sofienberggata
Markveien
Nodre Gate
Mollerveien
Æreslunden
Akersveien
GRÜNNERLØKKA
Vor Frue Hospital
Musée des Arts décoratifs - Kunstindustri-museet
St. Olavs Kirke
Mollergata
Jacobs Kirke
GAMLE AKER
Osterhaus gate
Storgata
Trefoldighets
Pilestredet
Ancien hôpital - Krohgstottens sykehus
B. Ankers gate
Galerie nationale - Nasjonal-galleriet
Christian Krohgs gate
Hosenkrantz gate
Grensen
La cathédrale d'Oslo - Domkircke
Parlement - Stortinget
Oslo Spektrum
Karl Johans gate
Jernbane-torget
SENTRUM
Akersgata
Ovre Slottsgate
Nedre Slottsgate
Kirkegata
Dronningens gate
Gare centrale - Sentral-stasjon
Nylandsveien
Radhusgata
Musée d'Art contemporain - Samtids-museet
Borsen
Norges Bank
Musée de la Résistance - Hjemmefront-museet
Bispagata
L'Opéra de Norvège - Den Norske Opera
N
Bjorvik
0
500 m
Bispevika

OSLO

★★★★

La capitale de la Norvège, riche de 624 000 habitants (soit plus de 12 % de la population du pays) est édifiée au bord d'un fjord et entourée de collines boisées. Excellent port en eaux profondes et bien située sur les différentes routes scandinaves, la ville connaît un développement rapide. Si elle ne ressemble pas (encore) aux autres grandes métropoles européennes, cultivant une certaine nonchalance provinciale, elle offre sur 450 km² de forts contrastes avec des parcs et des promenades au bord de l'eau, des œuvres d'art en centre-ville et des quartiers aux styles architecturaux très différents et marqués. Ses habitants et ses touristes bénéficient par conséquent d'un confort de vie particulièrement séduisant : combien de capitales permettent de skier ou de faire du kayak dans leurs limites territoriales ?

QUARTIERS

Bygdøy, Majorstua et l'Ouest ★★★

Bygdøy est cette vaste presqu'île immanquable à l'ouest du port. Site historique car il abrite parmi les plus surprenants musées de la ville, Bygdøy invite en outre à profiter de ses nombreuses plages. On profitera d'un ferry ou d'un trajet en bus pour rejoindre, rapidement, cet espace préservé, propice à un pique-nique en famille ou à la visite du Norske Folke Museum, entre autres. La balade en plein air parmi 158 maisons en bois reconstituées dans le pur style norvégien, de l'ère viking aux années 1950, ne laissera personne indifférent.

Uranienborg et Majorstua. Immédiatement derrière le Palais royal, se trouve Homansbyen avec ses nombreuses ambassades étrangères qui se sont installées dans de grandes villas bourgeoises des années 1850. Ces anciennes résidences débordant largement sur Uranienborg forment un mélange de styles spectaculaire : Tudor, maure, Renaissance florentine, gothique flamboyant et baroque. Quant au quartier de Majorstua, la très commerçante et surtout très chic Bogstadveien le traverse sur son côté est avant d'arriver à la place de la dernière station du tram, au début de la montée vers le tremplin d'Holmenkollen et les forêts de Marka. Un peu plus à l'ouest, juste avant Bygdøy allée, se trouvait le légendaire quartier anglais de Victoria, qui fut rasé en 1965. Le *rivnings-spøkelset* (spectre des démolisseurs), qui menace tout ancien édifice d'Oslo, eut finalement raison des antiquaires, qui ne purent sauver que la terrasse Victoria.

Frogner. A l'est de ce quartier résidentiel, comprenant la maison de l'Institut du prix Nobel signalé par le buste de ce cher Alfred, se trouve le grand parc Frogner. C'est un très agréable parc à l'anglaise, peuplé d'une centaine de sculptures monumentales en granit, œuvres du sculpteur Gustav Vigeland réalisées dans le plus pur style de l'art socialiste.

Holmenkollen. Bien plus éloigné du centre-ville vers le nord-ouest, il serait pourtant malavisé de dissocier cette localité de la ville d'Oslo. Holmenkollen est un des symboles de la capitale, avec son immense piste à ski visible à des kilomètres à la ronde. Elle abrite également le musée du Ski et un des plus remarquables hôtels du pays.

Centre ★★★

Karl Johans Gate. Karl Johans Gate attire les touristes et les Osloïtes comme les « Champs-Elysées » à Paris. Cette rue qui va de la gare centrale au Palais royal traverse un quartier de rues piétonnes bordées de commerces et sillonnées par moult musiciens et amuseurs publics. On y trouve les deux grands magasins classiques d'Oslo : Steen & Strøm et Glasmagasinet. Ce dernier, près de Domkirken, la cathédrale d'Oslo, donne sur Stortorvet, la place du marché aux fleurs. La partie qui suit le Stortinget (le Parlement), va jusqu'au Théâtre national et à l'université, situés en contrebas du Palais royal.
La chaussée de l'avenue est séparée au milieu par un très large terre-plein, appelé Studenterlunden (le bocage des étudiants) aux terrasses et fontaines ombragées par de grands tilleuls et des marronniers. Le plan d'eau au centre, surnommé Spikersuppa (littéralement : la soupe aux clous), se transforme l'hiver en patinoire, à la plus grande joie des enfants. Le Theatercaféen et le Grand Café sont de vénérables institutions du temps où Ibsen et Munch y avaient leur table réservée. Une atmosphère fin de siècle plane toujours sous leurs grands lustres de cristal baroques. La galerie marchande Paléet a su tirer parti de ces anciennes façades hantées par les fantômes de la bohème, du temps où Oslo s'appelait encore Kristiania.

Aker Brygge et les rives du fjord.

Torggata. Plus à l'est, Torggata est la rue piétonne qui dynamise le centre de ses nombreux bars et night-clubs en remontant jusqu'à la rivière et le quartier bobo de Grünnerløkka.

Akersgata, qu'on appelle la rue des quotidiens, est perpendiculaire à Karl Johans gata et passe presque en face des nouveaux bâtiments du gouvernement. Immédiatement derrière, se trouve la place de Youngstorget, « bastion de la gauche » aux traditionnelles soupes populaires, où l'écrivain Knut Hamsun calmait sa faim pour 35 øre le repas à l'époque. Plus au nord, s'étend le cimetière Vår Frelsers Gravlund, où reposent de grands hommes norvégiens. Quelques rues plus haut, le parc de Saint Hanshaugen (la colline de la Saint-Jean) et l'adorable ruelle de Damstredet, avec ses petites maisons d'ouvriers restaurées datant du XIXe siècle (entrée par Fredensborgveien), sont autant de promenades agréables.

Vaterland et le Vieil Oslo. Autour de la gare centrale, ce sont les anciens quartiers mal famés de Vaterland, nommés « terre humide » par les Hollandais qui venaient en Norvège acheter le bois dont leur pays était dépourvu. Tout a changé. On trouve le complexe commercial d'Oslo City, où 100 boutiques et magasins, un nouveau centre de congrès et une immense salle de spectacle – Oslo Spektrum (pour tous renseignements : www.oslospektrum.no) – œuvrent en faveur de jours et de nuits variés. Dans ce quartier se trouve également l'hôtel le plus haut de Scandinavie, Oslo Plaza. Il dresse aujourd'hui ses luxueuses façades de verre fumé très haut vers le ciel et lance un défi architectural à une capitale que l'on croyait encore assoupie. Ce secteur correspond en réalité au vieil Oslo. Et paradoxalement, il évoque la volonté de modernité de cette nation. Revanche ou symbole des temps qui passent, la belle Abelone, reine de Vaterland, possède aujourd'hui sa statue monumentale en bois au premier étage du grand hôtel Oslo Plaza. Immédiatement derrière ces tours-miroirs passe la rivière Aker, enjambée d'un pont moderne annoncé par une série de sculptures contemporaines : des plongeurs dans un saut figé pour l'éternité... De l'autre côté de la rivière, près du nouveau marché de Grønlands Torg et de la rue Tøyengata, surnommée Little Karachi, est installée une importante communauté pakistanaise.

Aker Brygge, l'hôtel de ville et la forteresse. A l'ouest de Karl Johans Gate, l'ancien port qui hébergeait les chantiers navals a été métamorphosé en promenade, chic comme les planches de Deauville, moderne comme la Potsdamer Platz de Berlin et, évidemment, maritime comme la marina de Barcelone. L'architecture est étonnante, les styles se mélangent, osant le verre et le béton, les places et les verrières. De belles terrasses attirent des buveurs de café nonchalants et des acheteurs jet-set fatigués. L'ensemble possède une certaine cohérence grâce à des passages couverts et à des ponts supérieurs. Boutiques chic, épiceries fines et bistrots branchés côtoient encore l'activité première de ce quartier : les bateaux.

Au début de ces quais, devant l'hôtel de ville (Rådhuset) et l'office du tourisme, vous pourrez partir à bord de ferries pour Bygdøy et les petites villes établies le long du fjord d'Oslo. Un peu plus loin, le quartier comprend ce qui reste de l'ancienne ville du roi bâtisseur, Christian IV, construite avec des rues à angle droit sous les murs protecteurs de la forteresse médiévale d'Akershus. Sur la place Grev Wedel, le restaurant Engebret est resté tel qu'il était à son origine, en 1857. C'est aujourd'hui un quartier rénové et investi par des galeries d'art et des associations d'artistes. Le musée Samtidskunst (musée d'Art contemporain) a déjà ouvert ses portes depuis 1990 dans l'ancienne banque nationale.

- **Tjuvholmen.** Ce prolongement de l'Aker Brygge n'existait pas il y a encore 7 ans. Tout s'est fait très vite. La ville s'est offert un nouveau profil en faisait participer plusieurs architectes d'origines et influences différentes. Ce « quartier des arts » renferme le somptueux musée Astrup Fearnley, mais aussi plusieurs adresses luxueuses dont les hôtels « Tjuvholmen executives suites » ou encore le « Tief ». Si tout le monde ne peut pas se permettre un séjour dans ces établissements, tout le monde apprécie de se balader sur ces berges. La promenade est fort agréable depuis le City hall. On s'arrêtera volontier à la terasse chauffée d'un des cafés ou restaurants ou sur un banc en été.

Grünerløkka et le nord ★★

- **Grünerløkka-Torshov.** Grünerløkka se trouve à l'est de la rivière Ankerselva qui traverse la ville du nord au sud. Dans les années 1890, un quartier ouvrier de petites maisons en bois, appelé Ny York, fut construit ici. Il avait pour but de loger la main-d'œuvre attirée par l'industrialisation intensive le long de la rivière Akerselva afin d'exploiter le bois. Cette période s'accompagna également de la création de poumons verts, des parcs destinés aux travailleurs. Malheureusement, dans les années 1970, le spectre de la démolition balaya la majeure partie de cet ensemble historique. Aujourd'hui, c'est toute cette partie des rives qui vient d'être reconvertie en promenade pour piétons. Cette promenade verte part du pont Ankerbru, orné de sculptures en bronze inspirées des contes et légendes de Norvège, dont le célèbre Peer Gynt, héros populaire chevauchant le renne. Grünerlkka est devenu à présent le quartier bobo de la ville avec un grand nombre de bars au mètre carré, s'étendant depuis la rue principale aux jolies places où l'on peut s'attarder en terrasse jusqu'à tard. Ses habitants le surnomment aujourd'hui le petit Brooklyn d'Oslo, pour ses airs bobo, son côté vintage et ses boutiques de design et centres d'art. Plus au nord, on va trouver le quartier de Torshov, plus calme avec ses cafés, parcs et théâtres Soria Moria et Trikkestallen.

Grønland et le sud ★★

Cette partie de la ville est intéressante pour plusieurs raisons. D'une part c'est ici que se situait Oslo avant qu'un incendie la ravage en 1624 et que le roi bâtisseur Kristian décide de déplacer la nouvelle capitale, Kristiania, à son emplacement actuel. C'est donc ici le seul endroit où l'on pourra voir, sur leur site originel, quelques ruines de l'antique Oslo. D'autre part, c'est le quartier multiculturel de la ville, où les nationalités et les langages se mélangent en un melting-pot peu usuel en Norvège. Enfin, de par sa nature populeuse, Grønland propose divers bars et surtout restaurants légèrement plus abordables.

À VOIR – À FAIRE

Bygdøy, Majorstua et l'Ouest ★★★

Bygdøy est cette vaste presqu'île immanquable à l'ouest du port. Site historique car il abrite parmi les plus surprenants musées de la ville, Bygdøy invite en outre à profiter de ses nombreuses plages. On profitera d'un ferry ou d'un trajet en bus pour rejoindre, rapidement, cet espace préservé, propice à un pique-nique en famille ou à la visite du Norske Folke Museum, entre autres. La balade en plein air parmi 158 maisons en bois reconstituées dans le pur style norvégien, de l'ère viking aux années 1950, ne laissera personne indifférent.

Uranienborg et Majorstua. Immédiatement derrière le Palais royal, se trouve Homansbyen avec ses nombreuses ambassades étrangères qui se sont installées dans de grandes villas bourgeoises des années 1850. Ces anciennes résidences débordant largement sur Uranienborg forment un mélange de styles spectaculaire : Tudor, maure, Renaissance florentine, gothique flamboyant et baroque. Quant au quartier de Majorstua, la très commerçante et surtout très chic Bogstadveien le traverse sur son côté est avant d'arriver à la place de la dernière station du tram, au début de la montée vers le tremplin d'Holmenkollen et les forêts de Marka. Un peu plus à l'ouest, juste avant Bygdøy allée, se trouvait le légendaire quartier anglais de Victoria, qui fut rasé en 1965. Le *rivnings-spøkelset* (spectre des démolisseurs), qui menace tout ancien édifice d'Oslo, eut finalement raison des antiquaires, qui ne purent sauver que la terrasse Victoria.

Frogner. A l'est de ce quartier résidentiel, comprenant la maison de l'Institut du prix Nobel signalé par le

Gare centrale d'Oslo.

© THIERRY LAUZUN - ICONOTEC

Musée des bateaux vikings.

buste de ce cher Alfred, se trouve le grand parc Frogner. C'est un très agréable parc à l'anglaise, peuplé d'une centaine de sculptures monumentales en granit, œuvres du sculpteur Gustav Vigeland réalisées dans le plus pur style de l'art socialiste.

Holmenkollen. Bien plus éloigné du centre-ville vers le nord-ouest, il serait pourtant malavisé de dissocier cette localité de la ville d'Oslo. Holmenkollen est un des symboles de la capitale, avec son immense piste à ski visible à des kilomètres à la ronde. Elle abrite également le musée du Ski et un des plus remarquables hôtels du pays.

MUSÉE DES BATEAUX VIKINGS (VIKINGSKIPSHUSET) ★★★

Huk Aveny, 35
Bygdøy
✆ +47 22 85 19 00 – www.khm.uio.no
postmottak@khm.uio.no
Bygdøy est une péninsule à 6km à l'ouest d'Oslo.

Il n'y a que 3 drakkars dans ce musée très sobre, mais quelles merveilles ! Vieux de plus de mille ans, ils ont été trouvés dans les fouilles de Tune, Gokstad et Oseberg. Ils ont transporté des Vikings bannis en Islande et au Groenland, traversé la mer du Nord jusqu'en Amérique pour une tentative avortée de colonisation, pénétré dans la Méditerranée jusqu'à Istanbul pour faire du commerce ou pour effectuer des raids sanglants.

Le bateau d'Oseberg, le plus grand et le mieux conservé, était la tombe d'une reine viking. Les objets exhumés sont tout à fait uniques, comme ces terrifiantes têtes de dragon stylisées, cet étonnant sceau orné d'un bouddha attestant du commerce avec des peuples asiatiques et ce chariot richement sculpté avec une représentation de Gunnar dans la fosse aux serpents, qui n'est autre que le « Günther du Ring » de Wagner (qui s'inspira d'anciennes légendes nordiques).

MUSÉE DES TRADITIONS POPULAIRES (NORSK FOLKEMUSEUM) ★★★

Museumsveien 10
Bygdøy
✆ +47 22 12 37 00
www.norskfolkemuseum.no
post@norskfolkemuseum.no
Bus 30 ou le ferry pour Bygdøy.

Dans ce musée de plein air, l'un des plus grands d'Europe, on trouve des informations sur les Sames, leurs costumes très colorés, leur langue, qui n'est pas du tout apparentée au norvégien mais au finnois et au hongrois, et leurs sorciers-chamans qui font penser aux Amérindiens. Au premier étage, une exposition d'anciennes tapisseries norvégiennes et une belle collection de couronnes de mariée, en or et en argent. Dans le vaste parc, 140 vieilles maisons originaires de différentes régions de Norvège et rebâties ici permettent de parcourir l'ensemble du pays et de son histoire en quelques pas. On y trouve aussi un restaurant, le Bygdøy Stuene. Il faut découvrir la stavkirke de Gol, église en bois debout datant du XIIIe siècle, un bâtiment saisissant de force et de beauté et l'un les plus intéressants de Norvège. Les premiers édifices chrétiens, construits en bois et en rondins verticaux, ressembleraient à des temples païens vikings, avec leurs multiples toits à têtes de dragon plutôt qu'à une maison de Dieu. Ces trésors d'architecture en bois (il n'en reste qu'une petite trentaine en Norvège), presque millénaires, sont enduits de goudron, pour leur conservation. Autre curiosité, qui montre combien le pétrole est important pour ce pays de pécheur : une station d'essence datant de 1928. Les divers bâtiments abritent des collections d'une grande variété : costumes régionaux aux couleurs vives, objets utilitaires et arts appliqués. Les premiers locaux du Parlement norvégien, le Storting, datant de 1814, y ont été transférés ainsi qu'une pharmacie, une banque, un bureau de poste et un cabinet dentaire. Les familles nombreuses auront plaisir à visiter l'exposition permanente consacrée à l'enfance et aux jouets. Il est strictement interdit d'y fumer car elles flambent comme de la paille. La très belle église en bois debout de Fantoft, à Bergen, fut réduite en cendres en été 1992, à l'époque d'une série d'incendies volontaires perpétrés par de jeunes adeptes d'une secte de satanisme.

PARC VIGELAND (VIGELANDSPARKEN) ★★★

Frognerparken

C'est l'une des attractions les plus visitées du pays, avec un million de personnes par an. Il réunit près de 200 sculptures en bronze, en granit ou en fer, de l'artiste norvégien dont il porte le nom. C'est un endroit très agréable et propre où il fait bon se promener quelle que soit la saison. Les habitants de la ville vont y faire leur *jogging*. C'est un endroit immanquable, car il reflète la philosophie norvégienne qui accorde une place prépondérante à la nature. Ce (grand !) espace de verdure dans la capitale en est le parfait exemple. Les statues, œuvre majeure de l'artiste, peuvent cependant choquer dans leurs mises en scène de l'homme, la femme, l'enfant. Histoire de savoir de quoi il s'agit, cet ensemble représente la vision de Vigeland des souffrances humaines dans leurs spécificités et globalité.

© SERGE OLLIVIER – AUTHOR'S IMAGE

Le parc de Vigeland est une des attractions phares d'Oslo.

© CH – VISITNORWAY – VIGELAND-MUSEET – BONO

Vue d'ensemble sur le Parc Vigeland, Oslo.

Centre ★★★

Karl Johans Gate. Karl Johans Gate attire les touristes et les Osloïtes comme les « Champs-Elysées » à Paris. Cette rue qui va de la gare centrale au Palais royal traverse un quartier de rues piétonnes bordées de commerces et sillonnées par moult musiciens et amuseurs publics. On y trouve les deux grands magasins classiques d'Oslo : Steen & Strøm et Glasmagasinet. Ce dernier, près de Domkirken, la cathédrale d'Oslo, donne sur Stortorvet, la place du marché aux fleurs. La partie qui suit le Stortinget (le Parlement), va jusqu'au Théâtre national et à l'université, situés en contrebas du Palais royal.

La chaussée de l'avenue est séparée au milieu par un très large terre-plein, appelé Studenterlunden (le bocage des étudiants) aux terrasses et fontaines ombragées par de grands tilleuls et des marronniers. Le plan d'eau au centre, surnommé Spikersuppa (littéralement : la soupe aux clous), se transforme l'hiver en patinoire, à la plus grande joie des enfants. Le Theatercaféen et le Grand Café sont de vénérables institutions du temps où Ibsen et Munch y avaient leur table réservée. Une atmosphère fin de siècle plane toujours sous leurs grands lustres de cristal baroques. La galerie marchande Paléet a su tirer parti de ces anciennes façades hantées par les fantômes de la bohème, du temps où Oslo s'appelait encore Kristiania.

Torggata. Plus à l'est, Torggata est la rue piétonne qui dynamise le centre de ses nombreux bars et night-clubs en remontant jusqu'à la rivière et le quartier bobo de Grünnerløkka.

Akersgata, qu'on appelle la rue des quotidiens, est perpendiculaire à Karl Johans gata et passe presque en face des nouveaux bâtiments du gouvernement. Immédiatement derrière, se trouve la place de Youngstorget, « bastion de la gauche » aux traditionnelles soupes populaires, où l'écrivain Knut Hamsun

Opéra d'Oslo.

calmait sa faim pour 35 øre le repas à l'époque. Plus au nord, s'étend le cimetière Vår Frelsers Gravlund, où reposent de grands hommes norvégiens. Quelques rues plus haut, le parc de Saint Hanshaugen (la colline de la Saint-Jean) et l'adorable ruelle de Damstredet, avec ses petites maisons d'ouvriers restaurées datant du XIXe siècle (entrée par Fredensborgveien), sont autant de promenades agréables.

Vaterland et le Vieil Oslo. Autour de la gare centrale, ce sont les anciens quartiers mal famés de Vaterland, nommés « terre humide » par les Hollandais qui venaient en Norvège acheter le bois dont leur pays était dépourvu. Tout a changé. On trouve le complexe commercial d'Oslo City, où 100 boutiques et magasins, un nouveau centre de congrès et une immense salle de spectacle – Oslo Spektrum (pour tous renseignements : www.oslospektrum.no) – œuvrent en faveur de jours et de nuits variés. Dans ce quartier se trouve également l'hôtel le plus haut de Scandinavie, Oslo Plaza. Il dresse aujourd'hui ses luxueuses façades de verre fumé très haut vers le ciel et lance un défi architectural à une capitale que l'on croyait encore assoupie. Ce secteur correspond en réalité au vieil Oslo. Et paradoxalement, il évoque la volonté de modernité de cette nation. Revanche ou symbole des temps qui passent, la belle Abelone, reine de Vaterland, possède aujourd'hui sa statue monumentale en bois au premier étage du grand hôtel Oslo Plaza. Immédiatement derrière ces tours-miroirs passe la rivière Aker, enjambée d'un pont moderne annoncé par une série de sculptures contemporaines : des plongeurs dans un saut figé pour l'éternité... De l'autre côté de la rivière, près du nouveau marché de Grønlands Torg et de la rue Tøyengata, surnommée Little Karachi, est installée une importante communauté pakistanaise.

Aker Brygge, l'hôtel de ville et la forteresse. A l'ouest de Karl Johans Gate, l'ancien port qui hébergeait les chantiers navals a été métamorphosé en promenade, chic comme les planches de Deauville, moderne comme la Potsdamer Platz de Berlin et, évidemment, maritime comme la marina de Barcelone. L'architecture est étonnante, les styles se mélangent, osant le verre et le béton, les places et les verrières. De belles terrasses attirent des buveurs de café nonchalants et des acheteurs jet-set fatigués. L'ensemble possède une certaine cohérence grâce à des passages couverts et à des ponts supérieurs. Boutiques chic, épiceries fines et bistrots branchés côtoient encore l'activité première de ce quartier : les bateaux.

Au début de ces quais, devant l'hôtel de ville (Rådhuset) et l'office du tourisme, vous pourrez partir à bord de ferries pour Bygdøy et les petites villes établies le long du fjord d'Oslo. Un peu plus loin, le quartier comprend ce qui reste de l'ancienne ville du roi bâtisseur, Christian IV, construite avec des rues à angle droit sous les murs protecteurs de la forteresse médiévale d'Akershus. Sur la place Grev Wedel, le restaurant Engebret est resté tel qu'il était à son origine, en 1857. C'est aujourd'hui un quartier rénové et investi par des galeries d'art et des associations d'artistes. Le musée Samtidskunst (musée d'Art contemporain) a déjà ouvert ses portes depuis 1990 dans l'ancienne banque nationale.

Tjuvholmen. Ce prolongement de l'Aker Brygge n'existait pas il y a encore 7 ans. Tout s'est fait très vite. La ville s'est offert un nouveau profil en faisait participer plusieurs architectes d'origines et influences différentes. Ce « quartier des arts » renferme le somptueux musée Astrup Fearnley, mais aussi plusieurs adresses luxueuses dont les hôtels « Tjuvholmen executives suites » ou encore le « Tief ». Si tout le monde ne peut pas se permettre un séjour dans ces établissements, tout le monde apprécie de se balader sur ces berges. La promenade est fort agréable depuis le City hall. On s'arrêtera volontier à la terasse chauffée d'un des cafés ou restaurants ou sur un banc en été.

CENTRE NOBEL DE LA PAIX (NOBEL FREDSSENTER) ★★★

Radhuspassen / City Hall Square
✆ +47 48 30 10 00
www.nobelpeacecenter.org
post@nobelpeacecenter.org

Oui, c'est à Oslo qu'est décerné chaque 10 décembre, le prix Nobel de la Paix. Le Centre Nobel est doté d'un emplacement exceptionnel sur l'Akerbrygge, face au fjord sur la place du City Hall. Sur la façade de ce beau bâtiment, on peut lire des mots tels que « *Hope* », « *Peace* » ainsi que le portrait du ou des lauréats de l'année en cours. Le centre a pour objectif de présenter de manière très pédagogique, l'histoire du prix Nobel, son créateur, Albert Nobel, ainsi que l'actualité et les lauréats du titre depuis 1901 ! Au rez-de-chaussée, c'est une exposition sur les lauréats de l'année, alors qu'à l'étage, on pourra découvrir des documents historiques et autres documents rares et une rétrospective sur tous les lauréats du prix. Une boutique et un café sur place.

FORTERESSE D'AKERSHUS (AKERSHUS FESTNING) ★★★

Akershus Festning. Bygn.2
✆ +47 23 09 35 53
www.akershusfestning.no
akershusslott.kontakt@mil.no
Métro : Stortinget : Tram 12, station Cristiania Torv.

A l'intérieur du Centre Nobel de la Paix.

Centre Nobel de la Paix.

Fjord d'Oslo

Akershus abrite un château médiéval datant du XIIIe siècle, remodelé dès la première moitié du XVIIe siècle dans un style Renaissance. Bien que les murs de la forteresse abritent le musée de la Résistance et le château médiéval de Christian IV, c'est surtout pour ses pelouses que les gens viennent à Akershus. Pendant la haute saison, des festivals et autres manifestations culturelles y sont organisés. Devant la forteresse, tout en bas de ses murs, des quais de Vippetangen partent les bacs pour les îles et les plages du fjord.

■ GALERIE NATIONALE (NASJONALGALLERIET) ★★★★

13 Universitets Gate
✆ +47 21 98 20 00
www.nasjonalmuseet.no/en

Ce grand bâtiment de briques avec des lions ailés sur le toit, situé en contrebas du château, renferme la plus importante collection d'art de Norvège. Dans l'escalier principal, le beau bas-relief *Helvetet* (*L'Enfer*) de Gustav Vigeland laisse voir une nette influence de Rodin. L'œuvre monumentale de ce sculpteur norvégien peuple le parc de Frogner. Dans l'escalier de l'aile nord, une merveille de peinture romantico-kitsch åsgårdsreien (*Les Chevaliers de l'Apocalypse*) de P.-N. Arbo. Au premier, la période romantique (1820-1870) avec le *Paysage de Stalheim* de J.-C. Dahl, plus beau que nature, et dont vous pourrez vérifier l'exactitude en suivant l'itinéraire de Bergen à Flåm. Le portraitiste Adolphe Tidemand et le paysagiste Hans Gude réunissaient parfois leurs talents pour peindre des paysages avec personnages. Curieusement avant-gardiste pour la même époque, Peder Balke, avec ses sombres marines du nord aux couleurs sépia, manqua de peu une commande de fresques au château de Versailles. *Un enterrement paysan*, d'Erik Werenskiold, est peint dans la tradition réaliste des années 1880. A l'opposé, le néo-romantisme des années 1890 éclate dans l'étonnante *Vinternatt i Rondane, Nuit d'hiver à Rondane*, que Harald Solberg mit une quinzaine d'années à exécuter dans ces montagnes glacées. Dans un climat impressionniste, Kitty Kielland avec sa *Sommernatt fra Jæren, Nuit d'été à Jæren*, exprime la lumière exceptionnelle de cette partie de la côte sud. Les 2 salles de 58 tableaux d'Edvard Munch comprennent *Le Cri, Madonna* et *L'Enfant malade*.

■ MUSÉE D'ART CONTEMPORAIN (MUSEET FOR SAMTIDSKUNST) ★★★

4 Bankplassen
www.nasjonalmuseet.no

Ce musée, le plus grand de Scandinavie qui soit consacré à l'art contemporain, inauguré en 1990, est situé dans le Kvadraturen, le plus vieux quartier d'Oslo. Il a pour cadre l'ancienne banque de Norvège, sévère bâtiment de marbre et de granit, avec une superbe salle Art nouveau à colonnes monumentales sous une antique verrière en forme de dôme. Les expositions temporaires d'artistes norvégiens et étrangers sont souvent de simples installations dans l'espace. A gauche de l'entrée, une librairie vend les catalogues des expositions. A droite un petit café, Sesam, sert des cappuccinos, des express, et des cheese cakes. Depuis l'ouverture du musée, ce quartier est en passe de devenir le centre artistique et culturel de la capitale avec la naissance d'une multitude de galeries d'art et de boutiques d'artisanat gravitant tout autour.

■ **PALAIS ROYAL (KONGELIGE SLOTT)** ★★★★

Slottsplassen, 1

✆ +47 81 53 31 33

www.kongehuset.no

post@slottet.no

Bâti en 1825-1848, il sert surtout de lieu de réception et de bureau officiel du roi (la résidence royale se trouve à Bærum, à l'extérieur d'Oslo). Ce long bâtiment jaune, pas très imposant par sa taille, est joliment situé au bout de la perspective de l'avenue principale. Il ne se visite malheureusement pas (belle pièce de réception « Le Salon à l'oiseau », peint en trompe-l'œil par Johannes Flintoe), mais on peut assister à la relève de la Garde royale à 13h30. Un grand parc boisé aux pelouses sans barrières entoure le château. A gauche, sur la place du 7 juin, une statue du premier roi, Haakon, sculptée par Nils Aas, ressemble étrangement aux sculptures de Giacometti (le feu roi était très grand et maigre).

Grünerløkka et le nord ★★

Grünerløkka-Torshov. Grünerløkka se trouve à l'est de la rivière Ankerselva qui traverse la ville du nord au sud. Dans les années 1890, un quartier ouvrier de petites maisons en bois, appelé Ny York, fut construit ici. Il avait pour but de loger la main-d'œuvre attirée par l'industrialisation intensive le long de la rivière Akerselva afin d'exploiter le bois.

Cette période s'accompagna également de la création de poumons verts, des parcs destinés aux travailleurs. Malheureusement, dans les années 1970, le spectre de la démolition balaya la majeure partie de cet ensemble historique.

Aujourd'hui, c'est toute cette partie des rives qui vient d'être reconvertie en promenade pour piétons. Cette promenade verte part du pont Ankerbru, orné de sculptures en bronze inspirées des contes et légendes de Norvège, dont le célèbre Peer Gynt, héros populaire chevauchant le renne. Grünerlkka est devenu à présent le quartier bobo de la ville avec un grand nombre de bars au mètre carré, s'étendant depuis la rue principale aux jolies places où l'on peut s'attarder en terrasse jusqu'à tard. Ses habitants le surnomment aujourd'hui le petit Brooklyn d'Oslo, pour ses airs bobo, son côté vintage et ses boutiques de design et centres d'art. Plus au nord, on va trouver le quartier de Torshov, plus calme avec ses cafés, parcs et théâtres Soria Moria et Trikkestallen.

Grønland et le sud ★★

Cette partie de la ville est intéressante pour plusieurs raisons. D'une part c'est ici que se situait Oslo avant qu'un incendie la ravage en 1624 et que le roi bâtisseur Kristian décide de déplacer la nouvelle capitale, Kristiania, à son emplacement actuel. C'est donc ici le seul endroit où l'on pourra voir, sur leur site originel, quelques ruines de l'antique Oslo. D'autre part, c'est le quartier multiculturel de la ville, où les nationalités et les langages se mélangent en un melting-pot peu usuel en Norvège. Enfin, de par sa nature populeuse, Grønland propose divers bars et surtout restaurants légèrement plus abordables.

BOTANISK HAGE – JARDIN BOTANIQUE ★★★

Sars gate 1
www.nhm.uio.no
postmottak@nhm.uio.no
Un jardin botanique de toute beauté, puisqu'il appartient au musée d'Histoire naturelle et demeure donc très soigné. Créé en 1814, il est le refuge de nombre d'expérimentations végétales et ne contient pas moins de 7 500 espèces différentes. Plusieurs espaces différents sont dédiés à des thèmes spécifiques : le Herb Garde, abrite plantes médicinales et venimeuses comme épices et herbes de cuisine ; le Systematic Garden s'intéresse à la parenté entre les fleurs ainsi que leur évolution ; l'Arboretum regroupe des plantes plus exotiques etc. Il est parmi les endroits favoris des Osloïtes pour une balade, un pique-nique ou une sortie entre amoureux.

MUSÉE MUNCH (MUNCH MUSEET) ★★★★

Tøyengata, 53
✆ +47 23 49 35 00
http://munchmuseet.no/en/
info.munch@munchmuseet.no
Le célèbre *Cri*, mais aussi *La Madonna*, avaient disparu de manière surprenante en août 2004 (un vol en plein jour). Ils ont été retrouvés en « assez bon état » deux ans plus tard pour reprendre leur place au musée en 2008. D'autres peintures tout aussi fortes et impressionnantes rendent la visite de ce musée très précieuse. Accès par le métro ou le bus 29. Edvard Munch (1863-1944), un des pionniers de l'expressionnisme, voit le jour à Løten, mais l'année suivante sa famille s'installe à Kristiania (Oslo). Quatre ans après, sa mère meurt de tuberculose. A l'âge de 15 ans, sa sœur préférée succombe au même mal, véritable fléau de l'époque. Elle est représentée dans son tableau *L'Enfant malade*. Munch travaille beaucoup en Allemagne et expose à Berlin, berceau de l'expressionnisme. Après une grave dépression à Copenhague en 1908, il retournera en Norvège. Parmi les tableaux exposés : *Danses sur la plage à minuit*, *Baiser sur les cheveux d'une femme*, *Jalousie*, *Les Solitaires, La Harpie, Le Vampire, Mélancolie, Le Baiser de la Mort, Hiver à Kragerø*. Bref, toutes les angoisses de Munch réunies dans un seul musée. Egalement des expositions temporaires comme celle somptueuse en 2016 sur Mappelthorpe.

RIVIÈRE D'AKERSELVA ★★★

Grønland
Balade verte le long de la rivière d'Akerselva aux rives nouvellement aménagées en chemins pédestres et cyclables. Point de départ à la station de Grønland. On peut marcher jusqu'au lac de Maridalen qui se trouve à 10 km, en longeant les 20 chutes d'eau. Le trajet pédestre peut très bien se combiner avec le bus. Tout d'abord on passe sous le pont d'Anker, flanqué de ses 4 bronzes inspirés des légendes norvégiennes et dus au sculpteur animalier Dyre Vaa. Le Peer Gynt chevauchant le renne est particulièrement touchant. On longe ensuite d'anciennes usines, des scieries et autres moulins désaffectés qui commencent à peine à se reconvertir en auberges (Mølla), en ateliers de happenings (Månefisken) et en bureaux de prestige (TV Norge). On arrive enfin au grand lac de Maridal d'où l'on peut redescendre avec les bus 36, 37 ou 38.

LA RÉGION D'OSLO

AKERSHUS

Le comté tire son nom de la forteresse d'Akershus (forteresse qui fait aujourd'hui partie du comté d'Oslo), rempart contre les envahisseurs suédois. Avec son demi-million d'habitants, c'est le deuxième comté le plus peuplé après celui d'Oslo. Akershus englobe une grande partie de la banlieue chic d'Oslo, notamment la ville la plus riche de Norvège, Bærum. A 48km au nord d'Oslo se trouve Eidsvoll, une ville historique du comté d'Akershus, où a été votée la Constitution de 1814, laquelle marque l'Indépendance du pays.

EIDSVOLL ★

Le petit manoir, situé au nord d'Oslo, est symboliquement très important pour les Norvégiens. C'est ici en effet que fut signée, le 17 mai 1814, la Constitution norvégienne, fortement inspirée par le Code Napoléon.

SØRUMSAND ★★

Ce village de 4 087 habitants est situé sur les rives de la Glomma. Son attraction principal est le train à vapeur qui permet de longer la rivière, le temps d'un voyage nostalgique. Les deux autres localités à visiter dans les environs de Sorumsand sont Fetsund, à 10,5 km au sud toujours le long de la Glomma, et Lillestrøm, situé à 18 km au sud-ouest.

BÆRUM ★

Le nom vient de *Björgrheim* autrement dit « la terre entre les rochers ». Les communes limitrophes sont Asker, Lier, Hole, Ringerike et Nesodden. Le centre-ville est nommé Sandvika. Bærum est célèbre en Norvège pour avoir, en moyenne, le niveau d'éducation et le revenu le plus élevé du pays. C'est la banlieue d'Oslo la plus prisée et la plus chère.

VINTERBRO ★★

Vinterbro est une petite commune densément peuplée du comté d'Akershus. Les Osloïtes s'y rendent notamment pour profiter de ses deux parcs d'attraction.

DRØBAK

Drøbak est une ville ancienne, qui baigne dans le fjord d'Oslo, à mi-chemin entre Oslo et Moss. Avec ses 15 000 habitants, elle serait une cité paisible si elle ne possédait pas trois grands atouts : une vue imprenable sur le fjord d'Oslo, une forteresse historique, et enfin la maison du père Noël norvégien. Pourtant, c'est l'été qu'elle est la plus animée car dès les beaux jours, la belle endormie se réveille et devient presque une cité balnéaire.

Retrouvez le sommaire en début de guide

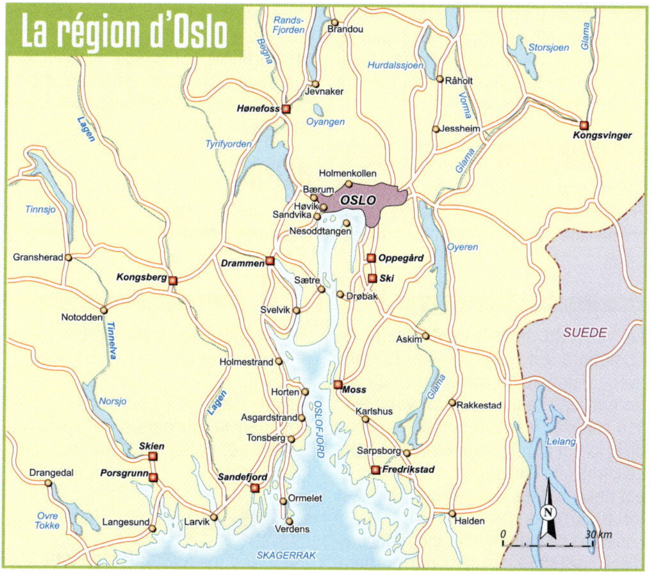

MAISON DU PÈRE NOËL ★★★

Julehuset. Havnebakken
✆ +47 64 93 41 78
www.julehus.no
info@julehus.no

A environ 10 km au sud de Tusenfryd, à Korsegården. Prendre la 152 à droite pendant 7 km pour Drøbak. En bus, les 77 ou 541 de la rue Roald Amundsen (ou Sentralstasjonen).

Cette région était, à la fin du siècle dernier, l' « Ecole de Barbizon » de peintres norvégiens comme Christian Krogh et Fritz Thaulow. Belles plages de baignade dans le fjord d'Oslo. Sur la place de Torget Tregaardens Julehus, se trouve la maison du père Noël. Les traditions de cette fête d'origine païenne sont très enracinées dans les pays du Nord. La maison du père Noël vend toute l'année des décorations pour les sapins du 25 décembre et possède son propre bureau de poste, bien connu de tous les enfants norvégiens. Avant les fêtes, ils sont nombreux à envoyer leurs listes de cadeaux à son adresse, au pôle Nord. Mais vous connaissez l'histoire, n'est-ce pas ?

MOSS ★

Située sur la route d'Oslo. Moss n'est qu'à 1 heure de train de la capitale. C'est une ville industrielle, endormie culturellement et peu attractive pour les touristes.

Deux raisons d'y passer : l'aéroport international de Moss Rygge et la presqu'île de Jeløy, à 4 km du centre de Moss, où se trouve la galerie F15 et le centre naturiste de Sjøhaug.

FREDRIKSTAD ★★

Rien de spécial à voir ou à faire à Fredrikstad, si ce n'est profiter d'une promenade dans une atmosphère chaleureuse entre les petites maisons de bois de la vieille ville. C'est une des plus belles cités fortifiées de Norvège, où l'on trouve des traces d'habitat remontant à plus de 4 000 ans. La forteresse fut érigée entre 1661 et 1701.

HALDEN ★

A proximité de la frontière, Halden est une autre cité fortifiée.

VESTFOLD

Le Vestfold se trouve à l'ouest de l'Oslofjord. En raison de sa proximité avec l'Oslofjord, le comté possède une flore et une faune impressionnantes : 110 espèces y sont protégées en vertu de la loi sur la conservation de la nature. Le comté est dominé par des plaines, et est devenu l'une des régions agricoles les plus productives du pays. Il est constitué de petites villes bien connues, telles que Larvik, Sandefjord, Tønsberg. Cette dernière est le centre administratif du comté et également la ville la plus ancienne de Norvège.

TØNSBERG ★★

Tønsberg est la plus ancienne cité de Norvège. Elle fut fondée un an avant que le roi viking Harald à la belle chevelure unifiât le pays en l'an 872. C'est à 5 km au nord de Tønsberg que se trouve le célèbre tumulus royal où des fouilles ont mis au jour de fabuleux trésors. En 1904, on y a découvert le drakkar qui servit de sépulture à deux reines vikings en 830. Plus proche de nous, Sven Foyn, un natif de Tønsberg, inventa une nouvelle arme meurtrière pour la chasse à la baleine, le harpon à dynamite. A Karlsvikodden, à l'est de Tønsberg, on trouvera une plage réservée aux naturistes. La ville est entourée d'un skjærgård de quelque 700 îles et îlots. Endroit idéal pour pratiquer la navigation de plaisance, la ville est dotée de 7 marinas pour les visiteurs.

SANDEFJORD ★

Dans le centre-ville de Sandefjord, près de la marina des plaisanciers, se dresse le célèbre monument à la gloire des chasseurs de baleines qui, jadis, ont fait la prospérité de la ville. Aujourd'hui, Sandefjord n'est plus qu'une petite villégiature endormie.

LARVIK

Le port de Larvik est une communauté de communes de 40 000 habitants, située à l'embouchure de la Numedalslagen. Elle a prospéré grâce à l'industrie du bois et du fer, très développée sur ces rives. La ville est aussi connue pour son eau minérale Farris. Son port est l'une des portes d'entrée de la Norvège, car les liaisons maritimes avec le Danemark sont nombreuses.

OPPLAND ET HEDMARK

Oppland et Hedmark se situent à l'intérieur des terres, ce sont les deux seuls comtés qui ne possèdent aucune ouverture sur la mer. Jusqu'en 1953, ils ne formaient qu'un seul et même comté. L'Oppland se caractérise par ses chaînes de montagnes, telles que le Dovrefjell, le Jotunheimen (qui comprend les 29 plus grands sommets du pays) ou le Gudbrandsdalen. Les vallées de l'Oppland sont réputées pour leur beauté, et il ne faut pas manquer de visiter Valdres et sa vallée, ses lacs et ses stavkirke (églises en bois debout).
Entre l'Oppland et la frontière suédoise, se trouve le comté de l'Hedmark. Situé à quelques kilomètres de Lillehammer, Hamar est le centre administratif de l'Hedmark. Le comté est l'un des moins urbanisés du pays (50% des habitants vivent dans des zones rurales). La population est essentiellement concentrée autour de la prospère région agricole de Mjøsa.

OPPLAND

Le comté d'Oppland était un royaume indépendant au début de l'ère viking. Situé au centre du pays, il s'étend du lac Mjøsa et Randsfjorden et est divisé en 26 communes. Il est très connu pour son tourisme et ses stations de sports d'hiver, avec Lillehammer en tête. A ne pas rater également le glacier de Galdhopiggen, la montagne la plus haute de Scandinavie, paradis des grimpeurs.

LILLEHAMMER ★★★

Comment passer de 50 habitants en 1827 à 25 000 en 2005 ? En recevant en 1827 les privilèges commerciaux accordés aux villes sans doute, en en faisant très bon usage. Pendant les premières années de son existence, la ville se limita à la ferme de Hammer, située près de l'église. Il est probable que c'est dans cette ferme que les deux Birkebeiner, Torstein Skjelva et Skjervald Skrukka, cachèrent pendant la période de Noël de 1205, Haakon, fils du roi et futur héritier du trône, avant de le faire passer de la vallée du Gudbrandsdal à la vallée d'Østerdal, en suivant la piste aujourd'hui connue sous le nom de « piste des Birkebeiner ». En souvenir de cet événement, 5 000 à 6 000 skieurs participent chaque année à la course qui se déroule sur 55 km entre Lillehammer et Rena. C'est en quelque sorte la Vasaloppet suédoise de la Norvège. Grâce à un climat très sec, Lillehammer est une des capitales mondiales du ski de fond et du bobsleigh et l'organisation des Jeux olympiques en 1994 lui a permis de développer de superbes infrastructures. 250 magasins, des kilomètres de pistes et de nombreux et très beaux hôtels. C'est vrai, la ville est calme... assez petite et très agréable avec la réception des championnats du monde du ski, l'organisation d'événements culturels comme le Lillehammer Jazz Festival ou le Lillehammer Literature Festival.

LILLEHAMMER ART MUSEUM ★★★
Stortorget, 2
✆ +47 61 05 44 60
www.lillehammerartmuseum.com
post@lillehammerartmuseum.com
Ouverte en 1992, cette construction nouvelle en forme de piano à queue, en pierre naturelle, métal et bois blond, abrite une grande collection de peintures norvégiennes de la période de 1830-1930. On y trouve des œuvres importantes de la période romantique, représentée par des paysages et des marines de Johan Christian Dahl, des intérieurs paysans d'Adolph Tidemand, des scènes bucoliques de Hans Gude. Ne manquez pas les quelques Munch, ainsi qu'*Idyll* de Christian Skredsvig, l'un des tableaux préférés des Norvégiens.

MUSÉE EN PLEIN AIR DE MAIHAUGEN ★★★
Maihaugveien, 1
✆ +47 61 28 89 00
www.maihaugen.no
post@maihaugen.no
Avec ses 140 vieilles maisons en rondins et aux toits de tourbe, c'est l'un des plus grands musées en plein air d'Europe. La ferme de Bjørnstad à elle seule comporte 27 bâtiments. En tout le musée possède 4 000 objets et 185 maisons. Des visites guidées ont lieu toutes les 2 heures (également en français) pour découvrir les différentes cultures rurales, la vie de jadis à la ferme et sur les alpages. On peut voir filer, tisser et sculpter sur du bois. On peut aussi assister aux vêpres les mercredis à 19h dans l'église en bois debout de Garmo. Des spécialités locales sont servies dans le café en plein air, le Valbjørgseter, et dans l'auberge Kirkestuen. Pour les Jeux olympiques, Maihaugen a été doté d'une nouvelle salle de concert de 730 places et d'un musée d'Histoire de la Norvège.

TRETTEN

Le village de 900 habitants est tristement connu comme le lieu du pire accident ferroviaire du pays : en février 1975, deux trains s'étaient percutés entraînant la mort de 27 voyageurs. Mais il est aussi connu pour son environnement agréable qui en fait un lieu de villégiature plus que recommandé : Tretten se trouve au bord du lac Losna, et de la rivière Gudbrandsdalslågen. Le village est ancien, il aurait été créé dans les années 1200. L'activité principale du village est l'agriculture et l'élevage (bovins et porcs).

RINGEBU

A une heure de route au nord de Lillehammer, par la E6, se trouve le petit village de Ringebu. On s'y arrête quelques instants pour admirer la belle église en bois debout du XIIIe siècle, ainsi que la collection de peintures de l'artiste norvégien Jacob Weidemann.

FAGERNES ★★

Cette ville compte près de 1 800 habitants, ce qui en fait la plus importante de la vallée de Valdres. C'est ici que l'on peut voir l'une des attractions touristiques la plus réputée du pays : le parc national de Jotunheimen composé d'une chaîne de 26 montagnes. Il tire son nom d'une expression signifiant « la maison des géants ».

ORMTJERNKAMPEN ★

Ce parc national est situé une heure à l'ouest de Lillehammer.

SEL

Nord-Sel est un hameau composé de vieilles fermes, réputé pour avoir servi d'inspiration au roman *Kristin Lavransdatter* de Sigrid Undset. Devant l'église de Nord-Sel, la statue en bronze de l'héroïne du roman représente la belle Kristin. La statue fut dévoilée à l'occasion des célébrations du centenaire de l'écrivain.

LOM ★

Cette ville d'environ 2 500 habitants est une destination touristique importante en Norvège. Le paysage y est pour beaucoup : c'est dans sa région que l'on trouve les montagnes les plus hautes du pays, avec leur sommet atteignant jusqu'à 2 469 m d'altitude. L'agriculture est encore très présente. La ville, chargée d'histoire, offre aux visiteurs curieux des visites agréables, notamment son église en bois qui aurait été construite aux alentours de 1200.

JOTUNHEIMEN ★

Zone de montagne de 3 500 km² dans le centre-sud de la Norvège, entre Ottadalen, Gudbrandsdalen, Valdres et Sogn. C'est dans cette région que se trouvent les plus hautes montagnes de l'Europe du Nord : Galdhøpiggen (à Lom) mesure 2 469 m et Glittertinden 2 464 m. Jotunheimen c'est également un parc national de 1 151 km², créé en décembre 1980. Jotunheimen est aussi un espace de loisirs populaires avec de nombreux sentiers balisés.

Plus d'informations : www.visitjotunheimen.com

PARC NATIONAL DE JOTUNHEIMEN – MASSIF DES JOTER, OU MAISON DES GÉANTS ★★★

L'office de tourisme est à Lom.
www.visitjotunheimen.com
C'est ici que se dresse le plus haut sommet de Norvège, le Galdhøpiggen, 2 469 m d'altitude. De nombreux lacs parsèment le massif, et sur le plus vaste, le Gjende, un service de bateau régulier fonctionne pendant la belle saison. A la fin de l'été, en raison de l'eau venue des glaciers, le lac prend une profonde couleur émeraude. Le lac voisin, le Bessvatnent, garde sa couleur bleu foncé. Entre ces deux lacs, au sommet de la longue et mince crête qui les sépare, un sentier balisé constitue l'un des sites touristiques les plus réputés de Norvège. Des rennes à l'état sauvage peuplent la partie ouest du parc, tandis que des troupeaux semi-domestiques paissent près des petits villages de Lom et de Vågå.

© THIERRY LAUZUN – ICONOTEC

Stavkirke de Lom, toit orné d'une tête de dragon.

© BASTIANLINDER – ISTOCKPHOTO

Jotunheimen.

© THIERRY LAUZUN – ICONOTEC

Parc national du Jotunheimen.

DOVRE ★

La municipalité de Dovre est connue pour la richesse de sa faune (boeufs musqués, caribous et gloutons) et de sa flore. La commune est à cheval sur trois parcs nationaux.

DOVREFJELL-SUNNDALSFJELLA NASJONALPARK – PARC NATIONAL DE DOVREFJELL ★★★

Dovrefjell
nasjonalparkriket.no
info@nasjonalparkriket.no
Ce grand parc national s'étend sur la chaîne des montagnes de Dovrefjell. Il a été agrandi en 2002 et couvre maintenant trois comtés, dont celui d'Oppland. Les massifs abrupts de la partie ouest sont couronnés de la cime blanche du Snøhetta, qui culmine à 2 286 m. Dans la partie est, la roche, très calcaire, fait éclore la plus riche flore de montagne de toute la Scandinavie. On peut y voir notamment l'armoise (apparentée au génépi et à absinthe), le pavot et le rhododendron. Les animaux du parc sont le bœuf musqué, le renne sauvage, le glouton et le renard de montagne. Les oiseaux y sont particulièrement nombreux, et l'une des réserves ornithologiques de Norvège, le marais de Fokstumyra, n'est qu'à 20 km plus au sud, sur la E6.
On y a recensé plus de 80 espèces d'oiseaux, dont la grande bécassine, le busard et le vanneau huppé. Possibilité d'étudier les espèces rares du haut d'une tour d'observation érigée au bord du marais.
Centre d'information à Kongsvold. Plusieurs accès, dont la E6. Le chemin de fer passe à Dovre. Sentiers balisés et refuge non gardé.

Plus d'infos sur les randonnées et balades sur le site de l'association de randonnée norvégienne : www.turistforeningen.no (version en anglais).

DOMBÅS ★

Cette petite ville dépend de la municipalité de Dovre. Il ne faut pas manquer la visite de l'église en bois datant de 1939. Elle est un nœud routier très important en Norvège.

GJØVIK ★

Ville de 28 000 habitants située en face de Hamar, de l'autre côté du lac Mjøsa, Gjøvik trouve son origine dans une grande fabrique de soufflerie de verre fondée, en 1773, par Caspar Kauffeldt. Des nombreux bâtiments qui composaient la soufflerie, il ne reste plus que la résidence de la famille (le Gjøvik Gård), située aujourd'hui dans le parc, à côté de l'hôtel de ville. Dans les ateliers de la soufflerie, exploitée jusqu'en 1843, furent fabriqués des verres style Empire en cristal gravé, des bouteilles pour officines de pharmacie, des carafes pour décanter le vin et surtout les fameux flacons teintés en bleu cobalt. Le cobalt venait des mines de Blaafarveverket, à Modum, situées plus au sud, à environ 30 km de Kongsberg. Une très belle collection de ces verres anciens, Glassamlingen, est exposée dans l'hôtel de ville (ouvert en semaine de 8h30 à 15h).

JEVNAKER ★

Au sud de Gjovik, Jevnaker est une petite ville industrielle connue pour sa cristallerie, dont on peut visiter le musée. C'est aussi là que se trouve le Glassheim, une salle de concerts rock très réputée.

HEDMARK

Ce comté, situé au sud-est de la Norvège, possède une frontière commune avec la Suède. Il est divisé en 22 communes et peut se targuer d'avoir accueilli en 1994 les J.O. d'hiver. Ce n'est pas dans cette partie du pays que vous trouverez de grands centres urbains. La moitié des habitants du comté vivent en effet encore en milieu rural. C'est sûrement ce qui confère au lieu son charme : forêts et lacs dominent le paysage...

HAMAR ★★

Hamar (18 000 habitants) était au Moyen-Âge le brillant siège d'un archevêché. Entièrement détruite par les Suédois en 1567, la ville n'a jamais retrouvé son éclat d'alors. Aujourd'hui, il ne reste plus que quelques arcades en ruine de la majestueuse cathédrale qui se dressait sur la pointe de Domkirkeodden. Dans le centre-ville, tout près de la nouvelle cathédrale, se trouve le musée de la cantatrice Kirsten Flagstad, l'une des premières grandes vedettes de l'opéra. Domkirkeodden avec ses pelouses en bordure du lac reste le lieu de promenade favori des habitants de Hamar. Profitez d'une promenade pour visiter le Vikingskipet, ce hall de patinage construit pour les jeux de Lillehammer, qui possède la forme d'un bateau viking renversé, élu la meilleure réalisation architecturale du siècle en Norvège. Il s'agit d'un bâtiment sensationnel aussi beau de jour que de nuit ! Une mini croisière à ne pas manquer, sur le vénérable bateau à aubes, le Skibladner, « le Cygne Blanc du Lac ». Il navigue depuis 1856 sur le Mjøsa de mi-juin à mi-août entre Hamar-Gjøvik-Lillehammer et Hamar-Gjøvik-Eidsvoll. On trouve à bord un restaurant, un café et un kiosque. Le menu traditionnel est composé de saumon et de fraises de production locale, très parfumées.

TYNSET ★

Le centre régional Tynset mérite bien son surnom de Petite Sibérie. Avec - 48 °C, cet endroit détient le record du froid de la Norvège du Sud. Un grand romancier local, Trygve Gulbransen, a écrit une saga sur une grande famille dynastique – les propriétaires d'immenses forêts de pins et de sapins peuplées d'ours et de loups : *Là-bas chante la forêt* (*Og bakom synger skogene*), traduit en français aux Editions Victor Attinger.

- **Le site Internet de la commune** propose quelques informations pratiques : www.tynset.kommune.no

ALVDAL ★

Cette petite ville, d'environ 2 500 habitants est célèbre surtout pour son musée consacré à Kjell Aukrust (auteur de livres sur son enfance : *Simen*, *Bonden* et *Bror Min*), célèbre dessinateur et humoriste norvégien né ici.

FOLLDAL

Folldal est une ancienne ville minière qui a été en activité du début du XVIIIe siècle à 1993. Elle fut la dernière mine du pays à fermer.

Le Sud
Bygdin
Bygdin
Tyin
Beitostølen
Borlaug
Vangsmjosa
Helin
Fagernes
Begna
Hemsedal
Oppheim
Gyrinosvatin
Voss
Gol
Hallingdalselva
BERGEN
Gello
Nesbyen
Nesttun
Øystese
Vassfarfoten
Folgefonn
Osøyro
Bromma
Tunnhovdfjorden
Rødberg
Eggedal
Odda
HARDANGEVIDDE
NASJONALPARK
Lagen
Leirvik
Haukeliseter
Mosvatn
Songavatn
Rjukan
Haukeligrend
Totak
Vag
Suldalqvatn
Follseland
Kongsberg
Eisborg
Morgedal
Dalen
Seljord
Notodden
Bandak
TELEMARK
Bo
Vradal
Swartevatn
Flateland
Nisser
Norsio
Tudal
Nissedal
STAVANGER
SKIEN
PORSGRUNN
Tovdalselva
Sandnes
Sirdal
Nedre
Tokke
Algard
Bryne
Kvifjorden
Bygland
Sannidal
Kragero
Husvegg
Byglands-
fjorder
Nidelva
Vegar
Ogna
AGDER
Helleland
Risør
Egersund
Hornnes
Lyngor
Lundevatn
Skeie
Arendal
Flekkefjord
Feda
Otra
Syndle
Øyestad
Vennesla
Lillesand
Grimstad
Lyngdal
Vestbygt
KRISTIANSAND
Farsund
Mandal
SKAGERRAK
N
25 km

BUSKERUD ET TELEMARK

Le Buskerud et le Telemark sont deux comtés voisins au sud et à l'ouest d'Oslo. On y découvre une nature superbe, marquée de paysages de montagnes enneigées, de lacs glaciaires et de forêts denses. Le ski est roi dans cette région, ainsi que tous les sports de montagne d'une manière générale. Ne manquez pas toutefois la petite ouverture sur la côte, au sud, qui préfigure les beautés du Sorlandet (plus à l'ouest), avec moins de touristes. Une région encore préservée finalement !

BUSKERUD

Le comté de Buskerud a une géographie variée, alliant fjord, montagnes, plaines, lacs, fleuves et forêts. C'est un endroit idéal pour apprécier la nature norvégienne, d'autant que les sites sont encore très peu touristiques. Drammen est le centre administratif du comté.

KRØDEREN

Le lac Krøderen ou Krøderfjorden s'étend sur 41 km au nord du village du même nom. A Noresund un pont enjambe le lac, lequel est large, à cet endroit, de 200 m. Le pont mène du côté ouest du lac où les plus courageux pourront entreprendre l'ascension du Norefjell.

HØNEFOSS

Cette petite ville est concentrée autour des chutes de la rivière du même nom, source de son développement avec l'exploitation des forêts de la région. En 1668, il y avait ici déjà 23 scieries, appartenant pour la plupart à des bourgeois d'Oslo. Une fontaine, sculpture moderne de Knut Steen, est placée au milieu des chutes. Depuis la banlieue d'Oslo, la route traverse la « vallée des ingénieurs », la Silicon Valley version norvégienne, avec les bureaux des grandes entreprises locales telles ceux de Norsk Hydro et Statoil. Après une cinquantaine de kilomètres à travers de riches plaines en longeant les rives du lac Tyrifjord, on arrive au pays natal d'Asbjørnsen et Moe, les pères des contes et légendes norvégiens, avec la villa enchantée Friedheim, posée sur le lac Krødern, et la vallée aux ours de Vassfaret.

KONGSBERG ★

La petite ville de Kongsberg est notamment connue pour son très grand festival de jazz, qui a lieu début juillet. Plus d'infos sur www.kongsberg-jazzfestival.no

DRAMMEN ★★

Drammen est divisée en deux par la rivière Drammenselva. La ville se trouve à environ 40 km au sud d'Oslo. Près de 63 000 personnes habitent la ville. Elle doit sa notoriété aux gravures sur roche (notamment un cerf), vieilles de plus de 6 000 ans, découvertes à Åskollen et Skogerveien.

Vue aérienne de Drammen.

TELEMARK

Le Telemark s'étend du plateau de Hardangervidda jusqu'à la côte et s'ouvre sur la mer du fjord Langesundsfjorden. Kragero, sa ville phare sur la côte, annonce le début d'une autre région très touristique, l'Aust-Agder. Le Telemark est internationalement connu pour être le pays natal du ski. Ses nombreuses stations de ski et sa passion, d'une manière générale pour ce sport, en témoignent quotidiennement. Les montagnes environnantes offrent un cadre idéal à toutes les expérimentations sur neige – le ski « telemark » a d'ailleurs été inventé ici.

Skien est le centre administratif du comté du Telemark, et Seljord, Notodden et Dalen en sont les centres de population. Outre le ski, le comté est également connu pour son canal, le Telemarkkanal (dont la construction s'est étendue de 1854 à 1892), long de 105 km et qui relie Skien à Dalen. Avec ses 18 écluses, le canal permet de remonter les bateaux 72 m au-dessus du niveau de la mer. Quelque peu oublié pendant quelques décennies, il reprend aujourd'hui du service avec deux bateaux, le *Victoria* construit en 1882, et le *Henrik Ibsen*, construit en Suède en 1907, qui font tous les jours cette traversée de 10h jusqu'au cœur du Telemark, à Dalen. Ne manquez pas une balade en bateau sur le canal !

SKIEN ★

Capitale de la région du Telemark et ville natale du dramaturge Henrik Ibsen, Skien s'étale sur les deux côtés du fleuve, assez large pour que les gros bateaux puissent remonter de la mer jusqu'au centre-ville. Le commerce du bois était l'activité principale de Skien. De nombreux incendies ont jadis ravagé la ville, et notamment la grande propriété du père d'Ibsen. Les deux autres maisons où habita Ibsen, Venstøp et Snipetorp, sont aujourd'hui devenues des musées. A Venstøp, on peut encore voir le grenier noir qui faisait tellement peur à Ibsen enfant, et qu'il décrit dans sa pièce *Le Canard sauvage*. Skien était aussi un des hauts lieux du piétisme norvégien. Henrik Ibsen naquit dans une famille nombreuse dont le père, ruiné dans des spéculations, se mit à boire. Pour se consoler de son malheur, sa mère s'adonna au mysticisme piétiste. Dans ses *Mémoires d'enfance*, Ibsen, qui n'aimait guère sa ville natale, dit de Skien : « Je suis né dans une maison sur la place, la maison Stockman, comme on l'appelait alors. » Cette maison était juste en face de la façade de l'église au haut parvis et à la tour imposante. A droite de l'église se trouvait le pilori de la ville et, à gauche, la mairie avec le dépôt et le « cabanon ». Le quatrième côté de la place était occupé par l'école primaire et le collège. L'église était isolée au milieu.

ULEFOSS ★

Ulefoss se situe à 30 minutes au nord de Skien, le long du canal du Telemark. C'est aussi un port d'embarquement pour les croisières sur le canal.

BØ ★

Bø i Telemark est devenu l'un des centres les plus importants du Telemark touristique. La diversité du site (rivières, lacs, forêts, montagnes) garantit des vacances agréables à tous les amoureux de la nature.

Stavkirke de Heddal près de la ville de Notodden, plus grande église en bois debout de Norvège.

Située au centre de cette région touristique, Lifjell est une zone de haute montagne aux sommets culminant à plus de 1 300 m d'altitude. On peut y faire de très belles randonnées, dans une nature grandiose composée de marais, de lacs poissonneux et de hauts plateaux.

NOTODDEN ★

Traverser le centre de Notodden en longeant les usines de Norsk Hydro sur la gauche et poursuivre sur 3 km pour l'église en bois debout de Heddal, la plus grande de ce type (il n'en reste plus qu'une trentaine sur les 750 à l'origine en Norvège).

RJUKAN ★★

Rjukan es un ancien centre industriel, qui a prospéré au XXe siècle. On y a notamment construit de nombreux bâtiments d'intérêt, ce qui vaut à la ville d'être classée au Patrimoine mondial de l'Unesco. Rjukan est également située dans le Parc National de Hardangervidda, au pied de la montagne de Gaustatoppen.

Stavkirke de Heddal, un détail du portail sculpté.

TUDDAL

Tuddal est une vallée encaissée qui s'étend de la montagne Gaustatoppen (1 881 m d'altitude) à Sauland.
Réputée pour son architecture caractéristique, Tuddal compte de nombreux bâtiments médiévaux classés. Sur un petit terrain, au centre de la localité, se trouve la ferme de Tuddal, un bel ensemble de maisons rurales exposant des objets anciens. La ferme comprend aussi une métairie et un alpage.

SELJORD ★★

Seljord est une des plus belles bourgades du Telemark. Imaginez-vous une belle journée de printemps avec les cimes de Skove et de Lifjell encore enneigées, les bouleaux blancs aux feuilles d'un vert tendre sur les coteaux, le tout se reflétant dans les eaux claires du lac de Seljordsvatnet. On dit que, dans ce lac, un serpent de mer, nommé Selma, lointain cousin du monstre du Loch Ness et qui aurait été aperçu depuis des centenaires dans les parages, y a élu domicile, se montrant durant les journées les plus chaudes de l'été. Le lac est bordé de superbes plages, de plaines, de douces collines et de hautes montagnes. Chaque année, invariablement, est organisée à Seljord une foire au bétail. Cette foire agricole, la plus grande de Norvège, commence le deuxième vendredi de septembre. Outre les animaux, on y vend aussi des couteaux d'un travail magnifique, des horloges et toutes sortes d'antiquités, dans un brouhaha de violons de Hardanger et de meuglements de bêtes.

MORGEDAL

A Kviteseid (centre administratif de la commune), la route 11 croise le canal du Telemark. Un voyage en bateau sur le canal aux nombreuses écluses vous amène jusqu'à la côte, à hauteur de Skien-Porsgrunn. Morgedal est connu pour être le berceau du ski. Øvrebø, une petite ferme en haut du village, a été transformée en musée. C'est la maison natale de Sondre Norheim, un skieur enthousiaste et talentueux à qui l'on doit 2 innovations majeures : la fixation de ski et le ski légèrement courbe, ce qui le rendait plus souple et flexible.

Un autre habitant de Morgedal, Olav Bjaaland, skieur et artisan émérite, accompagna l'explorateur Roald Amundsen dans son expédition au pôle Sud.

Ce sont, sans doute, ces belles montagnes du Telemark qui ont inspiré ces techniques innovatrices. D'ailleurs, le mot « slalom » provient du parler local, et les pentes abruptes ont donné ici naissance au célèbre virage « Telemark ».

KVITESEID

La commune de Kviteseid longe le canal du Telemark. La municipalité possède une station de ski (à Vradal) qui compte 50 km de pistes de ski de fond et de ski alpin. Kviteseid est très liée à la localité de Morgedal, où est né Sondre Norheim, le champion de ski norvégien.

DALEN

Au centre de la région du Telemark, Dalen est une ville de 2 500 habitants, beaucoup plus peuplée quand les touristes sont présents. Les activités de plein air prédominent ici.

NISSEDAL

Avec ses 37 km de longueur, le Nisser est le plus grand lac du Telemark et le septième de Norvège. Les habitants de Nissedal se sont surtout installés sur la rive est du lac, là où le relief est moins accidenté.

La route 41, qui longe cette rive, offre un superbe spectacle. Le lac, paradis pour la bronzette et les sorties en famille, est bordé de belles plages de sable, et ses hauts-fonds se prêtent à la baignade. Nissedal a même été surnommée la Riviera du Telemark. De nombreux campings, avec ou sans chalets, sont situés sur les rives du lac dans lequel on pêche la truite, la perche, le lavaret et l'omble chevalier.

KRAGERØ

Kragerø se trouve à 13 km de la E18 en bord de mer. C'est la première des minuscules villes blanches qui s'alignent comme des perles sur un collier jusqu'à Flekkefjord. Les ruelles étroites et sinueuses se faufilent entre de petites maisons aux toits de tuiles roses ou noires.

Après l'incendie de 1800, la ville fut reconstruite avec des maisons d'une hauteur n'excédant pas 2 étages et toutes peintes en blanc. Comme un rappel nostalgique de son passé, la ville possède sur sa petite place, devant l'hôtel Victoria, la statue d'un marin adossé à son gouvernail et intitulée Le Rêve du large. Du côté où les maisonnettes s'agrippent au rocher, il ne faut pas moins de 3 échelles pour arriver à y monter. A l'autre bout, se trouve le bac pour Stabbestad, endroit qui permet de continuer par les petites routes en bord de mer.

SØRLANDET

Ilots, plages, soleil, maisons blanches en bord de mer, voilà la carte postale du Sørlandet, région la plus ensoleillée du pays. Elle est pour les Norvégiens la « Côte d'Azur » du pays, l'endroit de villégiature par excellence. Le littoral et ses magnifiques plages sont appréciés des vacanciers, mais l'intérieur des terres ne manque également pas de charme, notamment la vallée de Setesdal. La région fait partie du Skagerrak, une zone côtière commune à la Suède, au Danemark et à la Norvège.

AUST-AGDER

L'Aust-Agder est l'un des deux comtés du Sørlandet. Dans cette zone, près de 80% de la population habite sur le littoral. Dans ce chapitre, nous explorons d'ailleurs uniquement la côte, à l'exception de la petite localité d'Amli.

La côte de l'Aust-Agder fait partie du Skagerrak, une zone où le littoral est continu de la Norvège à la péninsule du Jutland au Danemark en passant par le Sud-Ouest de la Suède.

En été, ce comté vit essentiellement du tourisme, avec en destinations favorites les villes de Risør, Lillesand, Arendal (centre administratif) et Grimstad. Suivez donc cette magnifique côte, ponctuée de villages blancs, d'histoires de pêcheurs et de souvenirs de deux grands écrivains norvégiens, Henrik Ibsen et Knut Hamsun.

RISØR ★★★

Avec ses honorables maisons blanches aux tuiles noires vernissées, Risør a un petit air d'ancienne marina de luxe. Ses maisons s'alignent du côté du port de plaisance, en dessous des rochers croulant sous la verdure. Une grande ancre marine est posée, en guise de statue, sur les quais. Essayez de rencontrer Vækteren, le vieux veilleur de nuit : personnage très important jadis à cause des risques d'incendie dans ces villes construites entièrement en bois, il connaît toutes les histoires de marins et de la ville.

Le paysage de Risør est marquée par trois grands fjords : le Nordfjord, le Sørfjorden et Sandnesfjord. Risør est l'une des plus anciennes villes du sud de la Norvège.

LYNGØR ★★

L'île n'est accessible que par bateau. Les voitures y sont interdites, ce qui a certainement contribué à son isolement du monde extérieur. En 1990, Lyngør, avec ses maisons blanches posées sur des îlots dans la mer, fut consacré le village le mieux préservé d'Europe.

ARENDAL ★★★

La ville est entièrement bâtie sur des canaux. Reconstruite après une série d'incendies en 1860, les édifices de pierre ont remplacé les maisons de bois et les canaux furent recouverts.

Profitez d'être ici pour prendre un peu de soleil : Arendal détient le record de jours d'ensoleillement sur la côte sud.

GRIMSTAD ★★★

Grimstad, surnommée « la ville des poètes », est une autre de ces perles blanches de la côte avec un centre piétonnier calme et charmant. A visiter surtout pour l'ancienne pharmacie où Henrik Ibsen a été apprenti de 1844 à 1850. La grande maison blanche d'à côté a été transformée en musée. Le buste du grand dramaturge se trouve dans le petit jardin.

La ville est également réputée pour la beauté de sa côte, pour son théâtre unique, et son vin fruité.

La ville de Grimstad comprend un archipel d'îles situé à 62 miles nautiques du Danemark.

HOMBORSUND ★

La petite route vers Eide mène à Homborsund, l'endroit où Henrik Ibsen situe son long poème épique *Terje Viken*. Ce marin traversa la mer de Skagerak à la rame pour rapporter du blé danois à son enfant et à sa jeune femme. L'histoire se passait au temps du blocus imposé par les Anglais pendant les guerres napoléoniennes alors que le royaume Danemark-Norvège s'était rangé aux côtés de la France. La tombe de Terje Viken se trouve face à la mer, sur un rocher battu par les vagues.

LILLESAND ★

Un village encore plus petit que ses voisins. Près du port, il y a un hôtel du nom de Norge où, jadis, l'écrivain Knut Hamsun avait l'habitude de venir écrire. La localité s'est développée grâce au tourisme, mais surtout grâce à son histoire maritime. Dans les années 1700, la ville a commencé à construire des bateaux. 1800 a marqué le réel essor de la ville.

ÅMLI

Cette ville de 1 800 habitants a très bien su protéger sa nature. Pour les amoureux de la pêche, c'est l'endroit idéal avec les 5 rivières qui la traversent. Proche de la grande route, et pourtant peu connu, Åmli a été particulièrement préservé. Vallées superbes, cours d'eau poissonneux, forêts et landes infinies, lacs idylliques. On est à la frontière entre le Setesdal et le Telemark, au cœur du royaume des castors. Ici, on a la possibilité de les observer de près, de voir comment ils construisent leurs ingénieux barrages et leurs habitations soigneusement montées.

De très jolies randonnées sont à faire, comme celles qui vous mèneront aux chutes d'eau de Rjukanfossen.

VEST-AGDER

Vest-Agder est le deuxième comté de la région du Sørlandet et Kristiansand en est la ville principale. Il est situé à l'extrême sud de la Norvège et fait partie, tout comme le Aust-Agder, du Skagerakk. Le Vest-Agder bénéficie d'un climat agréable grâce au Gulf Stream qui, à cet endroit, touche la Norvège. C'est pour son climat ensoleillé que le Vest-Agder est surnommé la « Côte d'Azur de la Norvège ».

Le comté à une histoire liée à l'international depuis la fin du XIXe siècle, période à laquelle de nombreux Norvégiens de la région ont émigré aux Etats-Unis. Depuis les années 1970, nombre de ces Américains sont revenus dans leur pays d'origine. Le Vest-Agder est connu pour avoir le plus haut niveau d'exportations à l'étranger.

KRISTIANSAND ★★

Une ceinture de péage entoure Kristansand à 11 km du centre-ville. Ville à ne pas confondre avec Kristiansund N au nord. C'est d'ailleurs pour cela que Kristiansand au sud est suivi d'un « S » et Kristiansund au nord d'un « N ». Vous êtes ici dans la capitale administrative et économique du sud de la Norvège avec 79 000 habitants (soit la cinquième ville du pays). Kristiansand est la plus grande ville du Sørlandet. Formée uniquement de rues à angle droit, la ville fut construite en 1641 sur ordonnance royale de Christian IV qui appliquait toujours son système de *Kvadraten* (à Oslo, le même principe a été appliqué au point que l'un des quartiers de la capitale s'appelle Kvadraturen), la Quadrature. Le tempérament « Renaissance » fait de la rue de Skippergaten un endroit charmant avec de ravissantes petites maisons de bois. Juste derrière la ville, le parc naturel Baneheia offre de beaux panoramas sur la côte ainsi que le point de vue panoramique de Ravneheia auquel on accède par de grands escaliers.

KRISTIANSTAND DOMKIRKE – CATHÉDRALE DE KRISTIANSTAND ★★

Gyldenløves gate 9
✆ +47 38 19 68 00
kristiansanddomkirke.no

La cathédrale date de 1885 et c'est l'une des plus grandes du pays. Des concerts de musique classique y sont régulièrement donnés.

MANDAL ★★

Mandal, la ville la plus méridionale de la Norvège, est également réputée pour avoir la plus belle plage du pays, Sjøsanden. Le vieux quartier avec ses rues tortueuses aux petites maisons blanches s'étend à l'ouest du port. Mandal est la ville natale du peintre Adolph Tidemand et du sculpteur Gustav Vigeland.

LINDESNES ★★

Cette commune d'environ 4 500 habitants prend des allures de station balnéaire l'été. L'architecture typique du sud du pays (petites maisons de pêcheurs en bois et blanches) promet d'agréables balades. Son phare est célèbre pour être l'endroit le plus méridional du pays.

PHARE LINDESNES ★★

Lindesnes Fyr
✆ +47 38 25 54 20
www.lindesnesfyr.no

Ce phare rouge et blanc, qui représente le point le plus méridional de la Norvège, est également le plus vieux phare du pays, bâti en 1916. La première lanterne fut installée sur cet emplacement en 1656 ! De tout temps, le Lindesnes Fyr a guidé les bateaux à travers les écueils et les récifs qui parsèment cette côte dangereuse. La vue du haut de ce phare, arrimé sur un gros rocher constamment battu par la houle, est très belle, peut-être plus impressionnante encore par mauvais temps. On trouve ici une boutique de souvenirs et des toilettes publiques.

KVINESDAL

La route Rv465, vers l'intérieur du pays, remonte la vallée de Kvinesdal qui est également appelée la vallée de Saron en raison du grand rassemblement religieux annuel. Plusieurs milliers de personnes se réunissent dans le hall qui peut accueillir jusqu'à 6 000 adeptes, ou assistent à des messes en plein air et d'autres rencontres de nature religieuse. A Kvinesdal a été établie une école de missionnaires, des journaux et publications œcuméniques, un studio d'enregistrement de programmes radio et télévision. Liknes à Kvinesdal, le centre de la commune, compte environ 3 000 habitants. Kvinesdal est aussi connue sous le nom de *Amerika bygd* étant donné le nombre d'habitants américains. Ils sont soit Norvégiens ayant émigrés aux États-Unis, devenus Américains et revenus en Norvège, soit des descendants de Norvégiens n'ayant pas recouvert la nationalité de leurs ancêtres.

FLEKKEFJORD ★★

Ce petit port est surtout réputé pour son ancien quartier hollandais qui date du XVIe siècle, souvenir du commerce florissant avec la Hollande qui avait, à l'époque, besoin de bois de constructions pour bâtir ses digues et ses ports. L'essor économique de Flekkefjord déclina en même temps que la fin des grands voiliers.

VESTLANDET

Le Vestlandet est l'un des cinq landsdeler du pays. Il est situé à l'ouest et comprend les comtés de Rogaland, Hordaland, Sogn og Fjordane et Møre og Romsdal. La région est connue dans le monde entier pour la beauté de ses fjords, de ses montagnes et de la vallée de Jæren (au sud). Le Jotunheim et le plateau du Hardanger sont les points culminants de la région, tandis que le glacier Jostedal est le plus grand d'Europe.Des eaux à la pureté cristalline miroitant les jeux d'un ciel changeant, des parois abruptes, et une végétation dense : la région des fjords qui s'étire de Stavanger au sud, jusqu'à Trondheim au nord, forme un espace unique et enchanteur. Les montagnes qui se dressent jusqu'à 2 400 m plongent à pic dans les abîmes des fjords dont les fonds descendent parfois à 1 300 m en dessous du niveau de la mer. Des centaines de fjords pénètrent ainsi profondément dans les terres, reliant la mer au pied de la haute montagne, parfois même aux glaciers. Le Hardangerfjord et le Geirangerfjord (classés au patrimoine mondial de l'Unesco) passent pour être les plus beaux. Sognefjord avec ses 200 km, est, lui, le plus long. Au printemps, dans ce microclimat exceptionnel créé par la douceur du Gulf Stream et protégé par l'encaissement du fjord, de ravissants vergers rivalisent de blancheur avec les neiges éternelles des sommets. C'est une région merveilleuse, pleine de contrastes, où les glaciers bleus étincellent dans l'air cristallin de la montagne, où les fonds des vallées croulent sous la verdure tandis que des cascades écumantes se jettent dans l'eau turquoise des fjords.

ROGALAND ET HORDALAND

Situé au sud-ouest de la Norvège, le Rogaland est une région riche en histoire. Les premiers habitants de la Norvège auraient débarqué ici, juste après la fonte des glaces. Il n'est alors par rare de trouver dans les plaines des traces de l'âge de pierre et de bronze. Fouilles et gravures rupestres ne laissent aucun doute. L'unification de la Norvège, en 872 par Harald à la belle chevelure, eut lieu dans cette région, comme en témoignent les trois épées érigées à l'entrée de Stavanger pour commémorer ce fait marquant de l'histoire norvégienne. Ce comté rassemble 420 000 habitants répartis sur 9 378 km². Célèbre pour la diversité de sa nature, le territoire offre de nombreuses possibilités : baignade dans la mer du Nord (l'été, ou grâce au Gulf Stream, l'eau est parfois plus chaude qu'au Portugal), balades en vélo dans les plaines agricoles ou encore excursion dans le Lysefjord. Reste enfin une randonnée (longue et sportive !) vers le célèbre plateau rocheux de Preikestolen (Pulpit Rock ou la chaire) qui se jette tout droit dans l'eau à plus de 600 m de hauteur. Mais le Rogaland est aussi rural, dans le Jaeren, où la lumière changeante joue sur l'arrondi de la roche polie, car aux sévères averses succède rapidement un soleil éclatant.

Les Fjords
MER DE NORVEGE
KRISTIANSUND
Arsundfjorden
Vevang
Molde
Eidsvag
Moldefjorden
Haroyfjorden
Vigra
ÅLESUND
Runde
Flisnes
Sjoholt
Åndalsnes
Sunndalsøra
Sundalen
Hareid-landet
Vardalsfjorden
1520 m.
Romsdalshorn
Langdal
Sunnmore
Trollstigveien
Trollstigheimen 850 m.
Romsdalen
Stadlandet
Koparnes
Orsta
Eidsdal
1990 m.
Vagsoy
Hellesylt
Geiranger
Maløy
Bremanger-Landet
1961 m.
Hordfjord
Stigedalen
Stryn
Videseter
1362 m.
Nordfjord
Sandane
Olden
Sande
Byrkjelo
Florø
Garmø
Forde
Skei
Sundfjord
Fortun
Jotunheimen Nasjonalpark
2405 m.
2940 m.
SOGN
Sula
Ytre Sula
Rysjedalsvika
Dragsvik
Hella
Sogndal
Balestrand
Leikanger
Sognefjorden
Kaupanger
Sognesjoen
Lærdalsøyri
Stølsheimen
Laerdal
Matre
1900 m.
Fensfjorden
Gudvangen
Aurlandsvangen
Stalheim
Flam
Aurlandsdalen
Lindas-Halvoya
Tvinnefoss
Knarvik
Voss
Osterøya
1936 m.
Bruravik
Torpo
BERGEN
Ustaoset
Nesttun
Utne
Osøyro
Hardangerfjorden
Halhjem
Huftarøy
Bjornafjorden
Sandvikvag
Tysnesoy
Odda
Hardangervidda Nasjonalpark
Stord
Jøsendal
Bømlo
Leirvik
Fonnanuten 1602 m.
Valevåg
Rjukan
Haukeligrend
Olen
Vag
HAUDESUND
Amot
Ofto
Seljord
Hadda
Fiska
Karmøy
Boknafjorden
Ombo
Arsvagen
Skudeneshavn
Rennesøy
Flateland
STAVANGER
N
0
35 Km

Une lumière qui a attiré de nombreux peintres (ateliers d'artistes à Ogna). Puis on aperçoit quelques moutons noirs, ainsi que les premiers bedehus, ces temples de prière des innombrables sectes religieuses qui foisonnent sur la côte Ouest de la Norvège. Cette région compte le plus de religieux pratiquants du pays, ce qui est sans doute lié à l'isolement des fjords et à la proximité de la mer qui, tous deux, créent de difficiles conditions de vie dominées par les éléments.
La fameuse route de la mer du Nord ou N44, qui longe le bord de mer jusqu'à Stavanger, attire les surfeurs en été, et les romantiques en hiver. Elle suit le bord de mer et ses plages de galets, ponctuées de petits mémoriaux en souvenir des navires qui ont sombré au large de cette côte, calme d'apparence, mais traître.
Situé au nord du Rogaland, le Hordaland s'étend sur 15 634 km² et compte 416 000 habitants. Il est surtout connu pour la ville de Bergen, classée au patrimoine mondial de l'Unesco, pour sa très grande concentration de maisons de bois. 60 % de la population du Hordaland vit à Bergen. Ce comté renferme toutefois d'autres richesses. C'est un petit paradis pour les sportifs. Eté comme hiver, Voss permet de pratiquer de nombreux sports, avec en toile de fond la nature, omniprésente. Ski, kayak, pêche, randonnées, parachutes… La nature prime avec le Hardangerfjord sur lequel sont organisées de nombreuses excursions.

STAVANGER ★★★

Stavanger est la quatrième ville de Norvège et la capitale du Rogaland. Avec une population d'un peu moins de 120 000 habitants, la ville se vante d'être la plus petite métropole d'Europe. C'est à partir de Stavanger que commence la véritable région des fjords. Le Lysefjord, long de 42 km, fait partie des sites naturels incontournables de la Norvège. Stavanger est par conséquent une étape reposante de votre croisière et son climat tempéré (températures moyennes de 3 °C en janvier et de 16 °C en juillet) la rend d'autant plus agréable.

UTSTEIN KLOSTER-MONASTÈRE D'UTSTEIN ★★★

Mosterøy
✆ +47 51 72 00 50
www.museumstavanger.no
info@utstein-kloster.no
Sur l'île de Mosterøy, à 30 km de Stavanger par Rennfast (le tunnel sous la mer, le plus long de Scandinavie – deux tunnels en fait : 8,5 km et 6 km de long, 233 m sous le niveau de la mer), c'est le monastère le mieux préservé de Norvège. Probablement fondé en 1250 par Magnus Lagabøter, le monastère d'Utstein est situé dans un très bel environnement et entouré de jardins. Des concerts ponctuels ont lieu dans l'église du monastère, ainsi qu'une messe tous les dimanches. Service « café d'église » avec de délicieux gâteaux.

SANDNES ★★

La voisine de Stavanger n'a plus de complexes à avoir : depuis quelques années, un vent de modernité a soufflé sur Sandnes. Cette ville en perpétuel mouvement fait preuve d'énergie et parvient cependant à conserver le charme d'une petite bourgade sans prétention. Tout comme Stavanger, elle ne cesse de s'agrandir. Une place est faite à la culture, avec le nouvel opéra, et la salle de concert. Des restaurants branchés ont vu le jour autour de la rue piétonne. Il fait aussi bon flâner dans le (petit !) centre-ville que pratiquer les nombreuses activités sportives proposées et s'amuser dans les parcs d'attractions aux alentours. A noter que la municipalité a misé sur une politique de développement du vélo, ce qui en fait l'une des villes du pays les mieux équipées dans ce domaine.

PREIKESTOLEN ★★★

Preikestolen, ou Pulpit Rock, est l'une des attractions naturelles majeures de la région de Stavanger. Ce gigantesque rocher vertigineux, découpé par l'érosion, surplombe, à la manière d'une chaire d'église, les eaux vertes du Lysefjord qui se trouvent 600 m plus bas. Le Lysefjord est évoqué par Victor Hugo dans *Les Travailleurs de la mer*. Ce site naturel, époustouflant de beauté, est devenu un haut lieu touristique avec environ 60 000 visiteurs chaque été. C'est un magnifique point de vue, peut-être le plus fabuleux de toute la Norvège. Il faut compter la journée entière pour découvrir le site.

On peut contempler cette merveille de deux manières. Du sommet d'abord, ce qui suppose une marche à pied de 4 heures aller-retour environ pour y grimper. La première moitié du parcours est assez facile, la deuxième partie monte vraiment vers Preikestolen et est un peu plus difficile, à cause de la pente du chemin. Des chaussures solides sont à recommander surtout par temps de pluie. En partant du camping, on peut aussi aller à pied. On prend la route par Gydalen, en passant Preikestolhytta. Si l'on prend son temps cela demande environ 3 heures 30, pourvu que l'on soit en bonne condition physique.

L'autre option, plus accessible, c'est d'aller en bateau jusqu'au fond du Lysefjord. Dans la section consacrée à Stavanger, vous retrouverez toutes les compagnies touristiques qui naviguent dans dans le Lysefjord. Cette promenade prend environ 2 heures.

VISITE

© NIGHTMAN1965 - ISTOCKPHOTO

Stavanger.

HAUGESUND ★

Cette ville portuaire réputée pour son hareng s'est également enrichie grâce aux raffineries de pétrole de la mer du Nord. En souvenir de son activité de pêche, le festival Sildajazz, qui se tient en août, dresse le buffet de harengs le plus long du monde (il déborde sur deux quartiers de la ville).

BERGEN ★★★★

Bâtie sur un ensemble de sept collines, ce qui lui a valu son surnom de « Rome du nord », Bergen n'est en revanche pas favorisée par son climat. On raconte que s'il ne pleut pas, c'est qu'il a plu, ou bien qu'il va pleuvoir. Prévoyez votre équipement en conséquence dans la région ! La ville a néanmoins un cachet pittoresque qui mérite que l'on s'y arrête.

EDVARD GRIEG MUSEUM TROLDHAUGEN – MUSÉE EDVARD GRIEG TROLDHAUGEN ★★★

Troldhaugveien, 65
Paradis
✆ +47 55 92 29 92
www.griegmuseum.no

A environ 8 km du centre-ville. Trajet 20 minutes par le bus n° 20 au départ de la gare routière, puis 15 minutes de marche pour Troldhaugen.

La petite villa enchantée du grand compositeur est située en hauteur sur une pointe de verdure dominant le lac de Nordås. Ce musée, abritant tout le mobilier d'époque ainsi que les objets personnels de Grieg, est une maison qui continue à vivre grâce aux concerts intimes qui se donnent toujours sur le vieux piano du maître. Il y a des concerts tous les jours lors du Festival international de musique ainsi que des concerts en été le mercredi, samedi et dimanche. Les tickets sont en vente à l'office du tourisme. La nouvelle salle de concerts, plus grande, est heureusement dissimulée sous le pont juste avant la maison. Un peu plus bas, la petite cabane de travail de Grieg, très sommaire, se trouve pratiquement au bord de l'eau. Son manteau, son chapeau et son violon sont toujours accrochés au mur. De l'unique fenêtre, on voit le lac à travers les branches des grands bouleaux pleureurs. On regrette la disparition à proximité d'un autre édifice historique, la Fantoft Stavkirke, une église en bois datant de 1150. Elle est malheureusement partie en fumée en juin 1992, dans la vague de pyromanie et de satanisme qui a traversé le pays.

FLØIBANEN – FUNICULAIRE ★★★

Vetrlidsallmenningen 21
✆ +47 55 33 68 00
www.floibanen.com

Les brochures touristiques vantent deux beaux panoramas de la ville : Fløyen et Ulriken. Le téléphérique du mont Ulriken est plus éloigné du centre. Le funiculaire de la colline Fløyen est sans aucun doute le plus agréable, vous faisant gagner, en 7 minutes, 320 m d'altitude et une vue superbe sur le fjord. Il se trouve à 150 m du marché. Il est aussi possible de faire la promenade à pied… ou de redescendre par un chemin parfaitement balisé, à flan de montagne et dans une belle végétation.

GAMLE BERGEN – VIEUX BERGEN ★★★★

Nyhavnsvei, 4
✆ +47 47 97 95 76
www.bymuseet.no

Un peu éloigné du centre, ce musée en plein air regroupe 50 maisons en bois d'un ancien quartier de Bergen

datant du XVIIe siècle. On plonge alors dans une évocation de ce à quoi Bergen ressemblait dans le passé. Dans la vieille boulangerie, on peut assister à la fabrication des *Skillingsboller*, les brioches de Bergen. Il y a aussi l'ancien salon du barbier, le cabinet de l'arracheur des dents… Le riche intérieur bourgeois, surchargé de mobilier baroque et rococo aurait pu parfaitement servir de décor à la pièce d'Ibsen *Maison de poupée*. Le charmant restaurant aménagé dans l'une de ces maisons propose de petits plats chauds et froids que l'on peut déguster sur la terrasse. Quand il fait beau, c'est un lieu de promenade bien agréable.

HÅKONSHALLEN – HALL D'HÅKON ★★★

Bergenhus Festning
✆ +47 47 97 95 77
www.bymuseet.no
bryggens.museum@bymuseet.no
Ce hall majestueux fut érigé en 1261 pour les cérémonies royales à Bergen, il était alors le centre des décisions politiques en Norvège (le roi Magnus Lagabøter épousa ici la princesse danoise Ingeborg Eriksdatter la même année). L'édifice a dû être restauré après avoir été gravement endommagé par un incendie en 1944. Les visites guidées englobent la tour Rosenkrantz, forteresse bâtie dans les années 1560 par le seigneur Erik Rosenkrantz.

KODE – MUSÉES DES ARTS DE BERGEN ★★★

3-7 Rasmus Meyers Allé
✆ +47 55 56 80 00
kodebergen.no
post@kodebergen.no
KODE est l'union récente de quatre musées d'art, sur un même campus, et qui présentent un des meilleurs panoramas de l'art nordique dans toute la Scandinavie.

KODE 1 est l'ancien Musée du Design (situé Nordahl Bruns gate 9). Le bâtiment abrite la plus importante collection de sculptures bouddhistes en marbre du Nord de l'Europe, de nombreux objets en jade. L'exposition permanente, « L'Homme et les Objets », raconte l'histoire du design et des arts appliqués à travers 5 siècles.

KODE 2 accueille les expositions temporaires annuelles, ainsi que les collections permanentes d'art contemporain.

KODE 3 abrite la collection Rasmus Meyer, avec notamment plusieurs œuvres d'Edvard Munch une vingtaine de grandes huiles, dont *Mélancolie, Soir sur Karl Johan, Jalousie* et *Les Trois Ages de la femme*, ainsi que des pièces réalisées par les grands maîtres norvégiens des XVIIIe et XIXe siècles. La période romantique est bien représentée par J.-C. Dahl avec *Le Bouleau sous la tempête* ainsi que *Le Monastère de Lyse* dont les ruines existent toujours sur la route de l'île de Lysøen. Les compères Tidemand et Gude sont encore main dans la main, le premier avec *La Mauvaise Nouvelle* et le second avec son *Paysage de haute montagne*. Lars Hertevig est présenté par *La Forge* qui serait pourtant plus à sa place au musée de Stavanger, consacré à ce peintre, et Peder Balke récidive avec des marines du Grand Nord comme cette *Forteresse de Vardøhus*. Le dur réalisme d'un Christian Krogh transparaît dans *La Lutte pour la survie*, tandis que la lumière magique de Kitty Kielland est captée dans son *Paysage de Jæren*, à côté de *L'Etendage du linge* d'Harriet Backer.

KODE 4 est consacré à l'art du XXe siècle, avec notamment les nombreuses esquisses des montagnes Rondane d'Harald Solberg.
A voir aussi les Klee, Picasso, Miro, ainsi que le KunstLab, laboratoire d'art pour les enfants.

VOSS ★

Voss, un nœud routier, est en même temps une station de sports d'hiver située au bord d'un lac. 91% de la superficie de la zone montagneuse est supérieure à 300 mètres d'altitude.

SOGN OG FJORDANE

Le Sogn og Fjordane est une région rurale de l'ouest du pays qui se caractérise par un paysage qui combine littoral, fjords et montagnes.

La région abrite de nombreux trésors naturels tel le Jostedalsbreen, le plus grand glacier de Norvège, ou encore la Ramnefjellsfossen (275m), la 3e plus grande cascade du monde. Au sud de la région, se trouve le célèbre Nærøyfjord, fjord classé par l'Unesco sur la liste du patrimoine mondial.

FLÅM ★★

Niché tout au fond d'un étroit bras de fjord, Flåm est un endroit unique, qui mérite un détour. Avant le percement des nouveaux tunnels sous la montagne, son seul accès était assuré par le ferry de Gudvangen ou par la courte mais, ô combien, vertigineuse ligne de chemin de fer de Myrdal ! Le petit train quitte Flåm au niveau de la mer pour atteindre Myrdal, en haute montagne, en 20 km à peine. Il longe d'abord le fond de la petite vallée aux allures d'Irlande verdoyante, avant de commencer la montée. Ici, les dernières fermes avant la montée ne servent plus guère que de pâturage aux chèvres, la petite route qui double la voie ferrée étant trop souvent fermée en hiver à cause des avalanches. Bientôt, sur les sommets, apparaissent les premières neiges éternelles. Le conducteur signale de quel côté se trouvent les plus belles vues et arrête même le train à mi-chemin pour que les voyageurs puissent descendre admirer les chutes d'eau.

BALESTRAND ★★★

Nichée au fond du Sognfjord dans un site grandiose, Balestrand est devenue l'un des hauts lieux du tourisme norvégien avec ses maisons vikings de couleur rouge sang.

VISITE

Ville de Balestrand.

LEIKANGER ★

A Leikanger, ancien fief d'un célèbre chef viking, on peut voir le plus grand menhir de Norvège. Haut de 8 m, il est dédié au dieu païen Balder.

FJÆRLAND ★★

On vient de loin jusqu'à Fjærland pour profiter de la beauté des paysages. Il faut dire qu'il y a de quoi : Fjærland et ses alentours comptent cinq *stavkirke*, deux parcs nationaux, le chemin de fer de Flåm et des randonnées dans un décor à couper le souffle. L'église d'Urnes est classée au patrimoine mondial de l'humanité. Fjærland est aussi connu pour être le point de rencontre du Sognefjord et du plus grand glacier d'Europe, le Jostedalsbreen. Il est facilement accessible en bus.

Le glacier de Briksdalsbreen.

PARC NATIONAL DE JOSTEDALSBREEN ★★★

Fosnes
Oppstryn
✆ +47 57 87 72 00
www.jostedalsbre.no
post@jostedalsbre.no

Plus grand glacier d'Europe (superficie 1 230 km²), Jostedalsbreen est un vaste plateau glaciaire d'où se détachent plusieurs langues de glace. Un grand nombre de moraines et autres dépôts géologiques intéressants ont été formés par les glaces et les eaux en fusion. Le contraste entre les fertiles vallées en forme d'auge et les glaciers qui descendent presque jusqu'à la mer est pour le moins spectaculaire. Noter que les randonnées sur le glacier sont difficiles, et même dangereuses. Il existe de rares refuges rudimentaires sur le glacier, et aucun sur le plateau. Quelques courts sentiers balisés.

SANDANE ★

Le centre de Sandane est relativement moderne, mais certains bâtiments historiques demeurent, comme la *Heradshuset med et fireveis klokketårn* (« la tour aux quatre horloges ») ou comme le Gloppen Hotel qui fait partie des « hôtels historiques » du pays. Située entre fjord et montagnes, Sandane est une ville proche de la nature.

STRYN ★★

Stryn est située à environ 5h d'Oslo en voiture. Peuplée de quelques milliers d'habitants, c'est une petite bourgade, entourée de fjords. La ville est surtout célèbre pour sa station de ski, à 30 km du centre, qui a la particularité de n'ouvrir que l'été.

C'est un lieu de prédilection pour les amateurs de sport de neige et de nature qui offre un spectacle unique, surtout l'été quand le soleil ne se couche jamais.

BRIKSDALSBREEN ★

A Olden, ne pas manquer la petite route secondaire pour le glacier Briksdalsbreen, bien signalé par un panneau.
En longeant le lac vert émeraude d'Oldenvatnet, la route s'enfonce sur une vingtaine de kilomètres dans une vallée étroite flanquée de hautes montagnes en forme de pain de sucre. Tout au fond se dressent peu à peu d'imposants sommets parmi lesquels déborde l'impressionnant glacier Briksdalsbreen.

NORDFJORDEID ★★

Nordfjordeid est réputée pour être une ville très touristique, du fait de sa position privilégiée dans les Fjords. Le mathématicien Sophus Lie y est né. C'est ici que l'on trouve les plus grands nombres d'élevages du Fjord, cheval norvégien le plus célèbre.

MØRE OG ROMSDAL

Cette province, la plus au nord de la région, peut se targuer d'avoir le plus beau fjord du monde. Sous aucun prétexte, il ne faut manquer une excursion sur le Geirangerfjord, classé au patrimoine mondial par l'Unesco. La région offre de nombreuses possibilités aux touristes : plongée sous-marine à Runde ou pêche en haute-mer. Reste à découvrir les charmes des villes d'Ålesund, Molde et Kristiansund, trois petites perles près des fjords.

HELLESYLT ★

Hellesylt est depuis plusieurs siècles une destination touristique. L'endroit était une destination populaire pour l'aristocratie européenne. Ibsen lui-même y a fait un séjour en 1862. Ici, il fait la connaissance de beaucoup de gens dont il a retranscrit l'histoire dans ses écrits. Hellesylt est sous la menace du mont Åkerneset, dont les éboulis se déversent dans le Geirangerfjord. Un glissement de terrain important risquerait de provoquer un tsunami destructeur pour le village.

ÅLESUND ★★

La ville s'étend sur un archipel de trois îles et présente une très belle allure, due paradoxalement à sa destruction par un incendie en 1904. Wilhem II d'Allemagne, qui aimait à y passer ses vacances, la fit entièrement reconstruire en style Art Nouveau. Unique en Norvège !

AKSLA – POINT DE VUE ★★★

Aksla
www.visitalesund-geiranger.com
C'est un haut rocher qui surplombe la ville. Un escalier de 418 marches mène à son sommet, mais on peut aussi s'y rendre en voiture par la route qui contourne la colline. Tout en haut se trouvent un café avec une terrasse (ouvert de 10h à 22h) et un restaurant d'été (Fjellstua) sous une coupole de verre. On a une vue fantastique de la ville qui s'étale tout en longueur sur la mer avec au large de sombres îlots rocheux. En se tournant, on découvre vers l'intérieur des terres une rangée de pics coiffés de glaces.

ÅNDALSNES ★

Åndalsnes est une belle escale sur la route maritime des bateaux de croisière dans les fjords de Norvège. C'est au cours de la bataille du Romsdalsfjord que le roi Viking, Håkon Herdebrei (Håkon au dos large, 1161-1162) fut tué par Erling Skakke, un homme de main d'Inge Krokrygg. Aujourd'hui, cette petite ville industrielle, située tout au fond du Romsdalfjord, est surtout connue pour son site grandiose au pied de montagnes imposantes, les Trolltindene, ou cimes des Trolls, et son centre de varappe.

MUR DES TROLLS – TROLLVEGGEN ★★

Trollvegen

Le mur des Trolls est une paroi verticale de plus de 1 000 m de haut, dont l'ascension passe pour être l'une des plus difficiles du monde. La paroi resta inviolée jusqu'en 1965. Aujourd'hui, l'escalade s'y pratique été comme hiver (ce dernier apporte une difficulté supplémentaire). Dans les années 1980, le mur devint, hélas, très populaire pour les sauts en parapente. Les dangereux vents ascendants, traîtres, occasionnèrent plusieurs accidents mortels, et la pratique du parapente y fut finalement interdite en 1986.

ROUTE DES TROLLS – TROLLSTIGEN ★★★

Rauma

La route des Trolls est faite de 11 lacets et monte à une altitude de 858 m. C'est la route touristique la plus visitée de Norvège. De fin juin au 10 août, le musée de la Route des Trolls est ouvert. Cette route comporte le fameux tronçon appelé Trollstigen, l'Echelle des Trolls, ou encore The Golden Route (pour plaire aux touristes anglophones). Mais, d'abord, il faut monter par Ørnesvingen, le virage de l'Aigle, corniche d'où l'on profite d'une dernière vue magnifique sur Geiranger et le fjord. Après une

Geiranger.

vingtaine de kilomètres, prendre le ferry Eidsdal-Linge qui fait la navette. La route traverse encore des paysages de haute montagne sur une quarantaine de kilomètres avant de commencer la descente du Trollstigen. Trollstigen est l'un des quatre sites touristiques les plus populaires de Norvège. Pendant des centaines d'années, un ancien chemin de muletier, grimpant le long des 180 m de chutes écumantes du Stigfossen, était la seule voie de communication entre les différents fjords des départements de Sunnmøre et de Romsdal. Il est aujourd'hui reconverti en chemin de randonnée (pour des promeneurs sportifs qui ne sont pas sujets aux vertiges). Achevée en 1936, la nouvelle route du Trollstigen, creusée dans le roc, remonte le flanc de la montagne en 11 virages serrés et avec une déclivité de 12 %. Cette route, qui ferme pour l'hiver dès la mi-septembre, est fortement déconseillée aux caravanes. Au bord du précipice, avant de commencer la descente, se trouve un relais de montagne, Trollstigen Fjellstue, avec un kiosque à souvenirs et une cafétéria qui sert des plats chauds. Un chemin pédestre derrière le relais mène à un point de vue époustouflant, près des marmites des Géants. Sur la route, à partir du virage nommé Bispesvingen, ou le virage de l'Evêque, on a une très belle vue sur Åndalsnes et le fjord de Romsdal.

GEIRANGER ★

Dominée par le précipice de Flydalsjuvet, dans une région truffée de jolis sites naturels et de cascades, Geiranger a également la réputation d'abriter le plus beau fjord de Norvège, à défaut du plus grand.

MOLDE ★★

Un site merveilleux et enchanteur. 87 cimes enneigées au-delà du vaste fjord de Romsdal, une ville qui se pare de roses, de tilleuls, de frênes, d'érables et de trembles. Etonnamment, devant ces cimes blanches, les jardins et des arbres oublient la latitude. Le festival de jazz met la ville en fête pendant toute une semaine à la fin juillet. Molde s'est développé à partir du domaine de Moldegård où Henrik Ibsen aimait passer ses vacances. Sa pièce, *Rosmersholm* (Ed. du Porte-Glaive, 1991), fut écrite dans le salon bleu de Moldegård.

Plus d'informations sur le festival de jazz : www.moldejazz.no

KRISTIANSUND ★

Encore une ville construite sur trois petits îlots, constituée à l'origine de trois villages de pêcheurs vivant de la morue. Kristiansund a amorcé son déclin dans les années 1960, et ne fut sortie de son isolement que par les compagnies pétrolières.

GRIP ★

Grip est une île située à 14 km au large de Kristiansund, un hameau de pêcheurs qui n'est plus habité que l'été. L'église en bois, bâtie en 1400, comporte un beau triptyque hollandais du Moyen Age. Très belle messe célébrée certains dimanches en été à 17h30, et le jour de la fête de saint Olav, le 29 août. Il règne une atmosphère particulière sur cet avant-poste loin dans la mer. Une nuit d'automne de 1796, pendant une grosse tempête, la mer emporta d'un seul coup jusqu'à 100 maisons du hameau. Visites touristiques en été pour Grip.

TRØNDELAG

La région du Trøndelag est au centre du pays. Elle est composée du Sør-Trøndelag et du Nord-Trøndelag. La géographie de la région est marquée par de grandes zones boisées, des vallées et des voies navigables comme les rivières Orkla, Gaula, Stjørdalsvassdraget et Verdalsvassdraget qui se jettent dans le fjord, à Trondheim. La partie orientale (à la frontière suédoise) est montagneuse. Des fouilles archéologiques ont révélé que la région a été habitée depuis des milliers d'années, les premiers signes d'habitation remonteraient à l'âge de fer. Trøndelag est une région historique de la Norvège, où se trouve la première capitale du pays, Trondheim, ville du sacre.

SØR-TRØNDELAG

La région du Trøndelag est séparée en deux par le Trondheimsfjord, formant ainsi les comtés du Sør et du Nord-Trøndelag. A l'ouest du Sør-Trøndelag, l'océan Atlantique ; à l'est, la Suède. Environ 200 000 personnes habitent Trondheim et sa région. A cet endroit du pays, on parle le Trøndersk, un dialecte que certains considèrent comme une langue. Le Trondheimsfjord constitue le centre du comté, alors qu'au sud se trouvent les montagnes de Dovrefjell et de Trollheimen.

OPPDAL ★★

Cette ville est l'une des stations de sports d'hiver les plus réputées du pays de part sa grandeur. Surtout connue pour sa nature préservée, Oppdal est le point de départ idéal pour de longues randonnées dans des espaces encore sauvages du pays.

BERKÅK

Accessible par la route E6, cette petite bourgade ne réunit qu'une petite centaine d'habitants mais est néanmoins le centre administratif de la province de Rennebu. Il y coule la rivière Orkla, une des meilleures rivières à saumon de Norvège.

RØROS ★

La petite ville de Røros (5 600 habitants) est située à une altitude de 615 m, vers le cours supérieur de la Glomma, la plus longue rivière du pays. Fondée en 1644 pour l'exploitation des mines de cuivre (qui ont continué à fonctionner jusqu'en 1977), Røros était à l'époque de sa gloire l'un des centres industriels les plus importants d'Europe du Nord. Aujourd'hui, un ensemble unique du vieil habitat en bois ainsi que la grande église baroque de 1784 ont pu être conservé dans la vieille ville du Bergstaden, la cité de la montagne, son ancien nom d'inspiration allemande.
En effet, la Norvège, à l'époque réduite à une pauvre province inculte du royaume du Danemark, était obligée de faire venir des ingénieurs allemands pour superviser le travail de la mine.

La ville a été inscrite au patrimoine mondial de l'UNESCO en 1980. Les habitants aiment sortir, et Røros est plus animée que la plupart des autres villes de la longue vallée d'Østerdal.
La ville se targue également de plusieurs musées intéressants tels que Olavsgruva (la mine d'Olav) et Smeltehytta (la fonderie), de nombreuses galeries d'art pictural, de festivals annuels, comme, au mois de février, le Rørosmartnan (la foire de Røros depuis 1854, jadis d'agriculture), et des courses de traîneaux à chiens.
Røros a un climat un peu continental. C'est l'un des endroits les plus froids de Norvège, et est définitivement la ville la plus froide du Finnmark (record : -50,4 ° C au début de Janvier 1914 et -42°C en janvier 2010). Ces hivers froids sont favorables au ski. En été, les journées sont agréables mais les nuits restent très fraîches.

FEMUNDSMARKA ★

A partir de Røros, on peut faire une excursion de 34 km jusqu'au lac Femund, le troisième lac de Norvège. Autour du lac, les parcs nationaux Femundsmarka et Gutulia sont réputés pour abriter les troupeaux de rennes les plus méridionaux de Norvège (quelque 4 000 têtes).

Plus d'informations : www.femundsmarka.net

ORKANGER ★

Au sud-ouest de la ville de Trondheim, sur la route 710. Orkanger avec ses 7 000 habitants est la deuxième plus grande ville du Sør-Trøndelag, après Trondheim. Orkanger est un centre industriel important où l'on trouve de grandes entreprises comme Technip Offshore Norway AS, AS Vigor, Washington Mills ou la fonderie Thamshavn Elkem AS.

© THOMAS RASMUS SKAUG – VISITNORWAY

Shopping de Noël dans les rues de Roros.

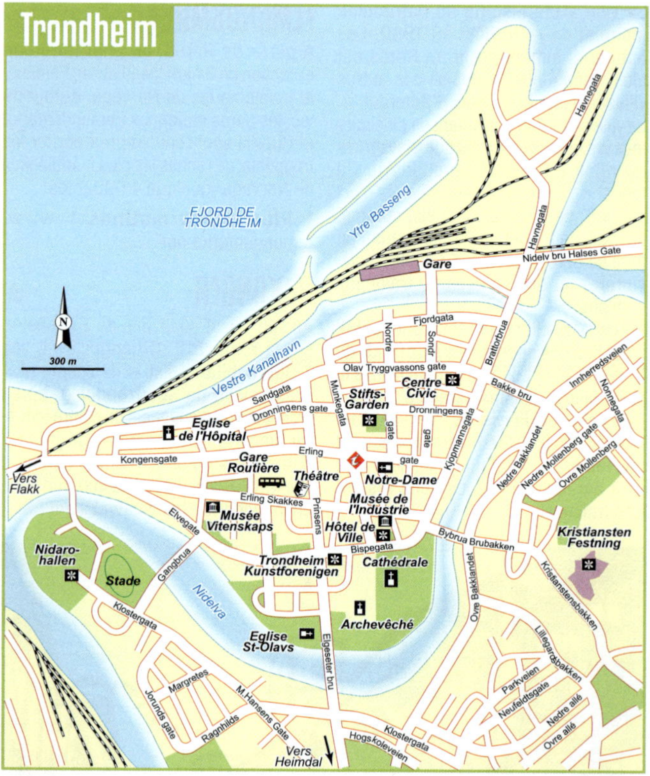

TRONDHEIM ★★★★

Trondheim est une célèbre petite ville universitaire médiévale, située sur le fjord le plus vaste de la Norvège. Elle possède de merveilleux monuments, et c'est un des villes du pays les plus appréciées sur le plan culturel et architectural.

Trondheim a été fondée, selon les historiens, par Olav Tryggvason en l'an 997, mais il semble qu'à cette époque un village existât déjà sur les lieux. La ville fut la capitale de la Norvège de 1030 à 1217. En 1070 a commencé la construction de la cathédrale Nidarosdomen, où repose à présent le tombeau de Saint Olav.

LA VERSION NUMÉRIQUE DE CE GUIDE OFFERTE

© MAMA-MIA

UK3T73GKRB62

Le code ne peut être utilisé qu'une seule fois.
Il faut respecter les caractères en majuscule du code.

1. Rendez-vous sur la boutique en ligne Petit Futé : http://boutique.petitfute.com/
2. Saisissez votre code de promotion à droite dans le carré **« La version numérique de votre guide offerte »** dans l'onglet Code de promotion et cliquez sur le bouton **OK**.
3. Cliquez sur **« Continuer le paiement »** avec un montant global à 0 €.
4. Si vous avez déjà un compte : connectez-vous avec le bouton **« S'identifier »** puis choisissez une adresse de facturation et cliquez sur **« Continuer »**.
5. Si vous n'avez pas de compte : cliquez sur le bouton **« S'inscrire »**, remplissez le formulaire d'inscription puis cliquez sur **« S'inscrire »** ensuite complétez votre adresse de facturation et cliquez sur **« Continuer »**.
6. Vérifier l'adresse de facturation.
7. Ensuite, cliquez sur « Continuer » puis **« Pas d'information de paiement nécessaire »** puis **« Passer la commande »**.
8. Cliquez directement sur le lien **« Mes produits téléchargeables »** ou cliquez tout en haut sur le lien **« Mon compte »** et cliquez plus bas sur le lien **« Mes produits téléchargeables »** dans la colonne gauche **« Mon compte »**, puis sélectionnez à droite votre format sous le titre.

Offre valable jusqu'au 31/12/2016 sous réserve de l'arrêt de commercialisation [illegible] le monde et sous réserve que le nombre de téléchargements soit inférieur ou égal au nombre d'exemplaires de guides papier imprimés. Formats [illegible] ordinateurs PC ou MAC.

La restauration de la cathédrale, commencée il y a une centaine d'années, a attiré de nombreux artistes. Les Journées de Saint-Olav pendant le dernier week-end de juillet sont marquées par des manifestations diverses, expositions, concerts et grand-messes.

CATHÉDRALE DE NIDAROS – NIDAROSDOMEN ★★★

Bispegaten 5
✆ +47 73 89 08 00
www.nidarosdomen.no
redaksjonen@nidarosdomen.no

La grande cathédrale de Norvège fut bâtie au XIIe siècle sur la tombe de saint Olav dans un style où le gothique domine, mais de plus anciennes parties sont d'inspiration romane. Les vitraux sont magnifiques et ne datent que du XXe siècle. Avec sa façade richement sculptée et ses splendides vitraux, elle n'est pas sans rappeler Notre-Dame-de-Paris. Le dernier roi sacré dans la cathédrale a été Harald V en 1991. L'intérieur de la cathédrale est finalement plus sobre que l'extérieur, et il peut être intéressant d'y entrer pour écouter un concert plutôt que pour une simple visite.

PALAIS DES ARCHEVÊQUES – ERKEBISPEGÅRDEN ★★★

Erkebispegården
✆ +47 73 53 91 60
www.nidarosdomen.no

Le palais des archevêques se trouve juste derrière la cathédrale. Ce fut la résidence des pontifes jusqu'à la Réforme, la Norvège étant devenue d'obédience luthérienne à cette époque. A partir de 1556 et pendant une centaine d'années, le palais a abrité les suzerains danois avant d'être repris par l'armée. Au bout de la rue Bispegata, qui passe devant la cathédrale, se trouve Gamle Bybro, le vieux pont-levis avec ses portiques ornés, peints en rouge. C'est l'un des symboles de la ville de Trondheim.

La Nidelva, au centre de Trondheim.

ÎLES HITRA ET FRØYA

Hitra est la plus grande île au sud du Cercle polaire et fait partie de la région Fosen, un district de forêts, de vallées, de lacs, de falaises et de montagnes. Hitra est réputée pour sa pêche en mer. Les paysages de cet archipel composé de 2 500 îles et îlots sont très variés : montagnes, collines couvertes de forêts, près de 800 petits lacs poissonneux, récifs polis par l'action des vagues et criques bien abritées. Filan est le centre administratif de la commune.

Au nord de Hitra, Frøya (qui signifie « l'île principale ») est tournée vers le large. L'île possède quelques 4 000 îlots et récifs. L'économie locale dépend du commerce des produits de la mer. Aux alentours de l'île, se trouve *Sularevet*, l'un des plus grands gisements au monde de récifs coralliens d'eau froide.

Cathédrale de Nidaros.

NORD-TRØNDELAG

Important centre de pouvoir à l'époque des Vikings (ici se trouve le site de la célèbre bataille de Stiklestad), aujourd'hui le Nord-Trøndelag est un comté peu peuplé. Le comté est surtout une région agricole, une région fertile surtout aux abords du Trondheimsfjord (1re région céréalière du pays). C'est également là que la majeure partie de la population se concentre. Les forêts recouvrent une grande partie du comté en faisant la deuxième zone d'exploitatiion du bois du pays, après le Hedmark.
Avis aux amateurs de saumons : c'est ici que se trouve l'une des rivières à saumon les plus réputées d'Europe, la rivière Namsen !

STIKLESTAD ★★

A environ 90 km au nord de Trondheim, sur la E6. La célèbre bataille de Stiklestad est historique, car elle marque une étape importante de la conversion au christianisme de la Norvège païenne des Vikings. Aujourd'hui, sur ces anciens champs de bataille, cohabitent paisiblement une église, un musée et un théâtre en plein air. Olav Haraldsson le Saint est né en 995. Il partit jeune en raid viking... pour se convertir au christianisme (il reçut le baptême à Rouen en 1014). Elu roi de Norvège à Trondheim en 1015, il doit faire face à l'opposition grandissante des Bønder (grands fermiers) de la région, mais sera obligé de fuir le pays en 1028 pour Gardarrike (Byzance).

En essayant de reconquérir le pays, le roi Olav fut tué par l'écrasante armée païenne à la célèbre bataille de Stiklestad, le 29 juin 1030. C'est Tore Hund (Tore le Chien) qui eut le funeste privilège de soulever la cotte de mailles du roi, afin lui donner le coup d'épée fatal. Par la suite, Olav fut canonisé par l'Eglise catholique de Rome et il reste le saint le plus important de l'Eglise norvégienne.

FORT D'AUSTRÅTT ★★★

Rådhusgata 6
Brekstad ✆ +47 70 51 40 36
www.visitnorway.com
A 2h30 à l'ouest de Stiklestad par la E-6 puis 755.

Le site d'Austratt existe depuis la Renaissance. Son histoire est en partie racontée dans la pièce d'Ibsen *Dame Inger d'Austrått*, qui trace le portrait puissant de la maîtresse des lieux Inger d'Austrått au XVIe siècle. Au XVIIe siècle, le gouverneur danois Ove Bjelke fait raser la bâtisse médiévale, symbole de la résistance norvégienne et la remplace par le château actuel, qui date de 1656. Par la suite, et ce jusque dans les années 1960, Austratt devint une place défensive, réarmée de manière toujours plus moderne pour chaque époque. Après sa fermeture en 1968, le lieu est renové en 1990 et rouvert un an plus tard aux visiteurs. Outre la visite guidée d'une heure, on peut assister à des concerts classiques chaque dimanche d'été dans la Salle des Chevaliers. Une cafétéria permet de se restaurer, avant de parcourir les bois autour du domaine ou l'agréable plage mitoyenne.

GRONG

Grong est située dans la partie centrale de Namdalen, sur les rivières Namsen et Sanddøla. Grong a trois chutes d'eau importantes : Fiskumfoss, Formofossen et Tømmeråsfossen. Fiskumfoss particulièrement importante puisqu'elle alimente une centrale hydroélectrique.La ville a également construit une échelle à saumon pour aider les poissons à passer les chutes d'eau.

NAMSSKOGAN ★★

A Namsskogan commencent les grandes forêts sauvages de pins et de sapins. Véritable eldorado pour les chasseurs, la région abonde en élans, daims et cerfs, mais aussi en rennes sauvages et visons, lagopèdes et autres perdrix des neiges. On y trouve même quelques castors et ours bruns qui, eux, sont protégés. L'animal le plus rare est le lynx, c'est lui qui supporte le moins bien la proximité de l'homme.

NAMSSKOGAN WILDLIFE PARK ★★

Trones
✆ +47 74 33 37 00
www.visitnamsskogan.no

C'est un parc animalier avec des espèces nordiques comme ces élans qui se laissent caresser au moment du repas. Font également partie de la ménagerie, des ours bruns, des martres, des putois, des moutons dont la race remonte à l'âge de pierre et des renards rouges à bout de queue blanche. Un petit lac avec un immense troll (géant des montagnes) est aménagé, qui permet aux enfants d'aller en barque pêcher de vrais poissons. On peut aussi pratiquer l'équitation. Le bâtiment central comprend une boutique de souvenirs et une cafétéria. Dans le parc, un dispositif pour barbecue est mis à la disposition des visiteurs qui préfèrent pique-niquer.

NORD-NORGE

Voilà un département d'îles et de fjords, de landes arctiques, désertiques et de terres fertiles, le comté de Troms. Des vallées aux denses forêts de conifères s'étendent vers d'inaccessibles montagnes noires. La traversée des longues vallées infinies de Bardu n'est pas sans rappeler celle d'Østerdal, au sud de la Norvège, d'où est originaire d'ailleurs une partie de la population rurale du pays. A Målselv, des chutes écumantes, encadrées d'échelles à saumons, éclaboussent de leur blancheur les sombres forêts de pins. Un crochet vers le large s'impose pour visiter Tromsø. Cette « capitale de l'Arctique » est la ville de Norvège qui comptabilise le plus grand nombre de boîtes de nuit par habitant.

Toujours plus au nord, les Alpes de Lyngen aux neiges éternelles se reflètent dans le miroir bleu du fjord. Dans ces paysages aussi contrastés que le climat, les moraines grises succèdent aux versants verdoyants. Il n'est pas rare de rencontrer de la neige en haut de ces passes alors que les petites plages au détour d'un fjord semblent inviter à la baignade. Elles seront à leur tour remplacées par des montagnes, le Kvænangen et le Kåfjord, de sinistre mémoire (Hitler y avait dissimulé l'élite de sa flotte dans l'espoir d'anéantir les alliés).

A Alta, ces plateaux arctiques sont ravinés par un immense canyon creusé par l'une des meilleures rivières à saumon du monde. Toujours plus au nord et après une infinité d'immenses plateaux, il ne reste qu'une ville, Hammerfest, avant le cap Nord, pointe extrême de l'Europe tourné vers l'océan Arctique et le pôle Nord. Vient ensuite le département du Finnmark, pays des grands troupeaux de rennes parcourant d'immenses plateaux désertiques.

C'est le département le moins peuplé d'Europe. Avec 15 % de la superficie de la Norvège, seul 2 % de sa population y vit.

NORDLAND

Le département du Nordland s'étire tout en longueur pour ne devenir qu'une très mince bande côtière de montagnes sauvages creusées par de profonds fjords.

Cette partie est la plus étroite de la Norvège avec à un certain point, seulement 6,3 km entre le fond du fjord et la frontière suédoise. En revanche, le département s'étire sur près de 600 km, davantage que la distance Paris-Lyon. Au fur et à mesure que l'on s'approche du cercle polaire, le soleil du Grand Nord finit par ne plus se coucher du tout (ou ne plus se lever du tout, selon la saison). Il ne descend que pour effleurer l'horizon dans un flamboiement magnifique avant de repartir aussitôt dans le ciel, et ce long voyage d'été dure presque trois mois au cap Nord.

La lumière magique des nuits claires, qui remplace les aurores boréales de l'hiver, bouleversera votre rythme de vie et vous ôtera toute envie de dormir.

C'est aussi cette nature grandiose du Nordland qui influença toute l'œuvre de Knut Hamsun. Ici se dresse le deuxième glacier de Norvège, le Svartisen (les glaces noires). Pays de contrastes, le Nordland comprend aussi l'extraordinaire archipel des Lofoten, une sorte de Caraïbes du Grand Nord (la chaleur en moins), baigné par le Gulf Stream venant tout droit du golfe du Mexique. Le tourisme de l'Arctique attire de plus en plus de visiteurs lassés de patauger dans le tourisme de masse pratiqué plus au sud.

BRØNNØYSUND ★★

Brønnøysund est un charmant village de pêcheurs de 5 000 habitants, situé sur une presqu'île, en face de Torghatten. Bien qu'un petit aéroport y accueille des vols en provenance d'Oslo, de Trondheim et de Bodø, et que l'Express côtier y fasse escale, il n'y a pas beaucoup de passage. Sa topographie résume bien le pays.
Une Norvège miniature qui possède pour particularité son Brønnøysund Register Centre : une structure du ministère de la Justice où sont collectées, enregistrées et analysées de très nombreuses données économiques et commerciales nationales afin de procurer une meilleure sécurité et efficience de la politique. Mais la ville possède aussi une surprise naturelle : Torghatten, une montagne de 160 m de longueur et de 35 m de hauteur, ornée d'une béance de 15 à 20 m créée par une érosion millénaire. Et cela permet de belles histoires…

MOSJØEN ★

Cette ville de 13 500 habitants située sur une lagune de sable au fond du fjord de Vefsna vit de son usine d'aluminium et il n'y a pas grand-chose à y faire. La rue Sjøgata, qui a gardé ses vieilles maisons de bois, ainsi que le monument aux morts sont les deux points d'intérêt de Mosjoen.

MO I RANA ★★

Cet ancien comptoir de troc est situé tout au fond du fjord de Rana. La famille Meyer acheta l'endroit en 1860 pour y faire du commerce. A la fin du XIXe siècle, avec l'exploitation des mines de fer dans la vallée de Dunderdalen et le développement du chemin de fer, la ville se développa rapidement et atteint aujourd'hui 25 000 habitants. Mo i Rana est aujourd'hui la troisième plus grande ville de la Norvège du Nord et héritière de l'industrie du fer, c'est un centre de commerce et de service. La Norwegian Iron Company, aussi appelée Mo Industrial Park (MIP) est en réalité divisée en des centaines de petites entreprises qui font de cette ville la plus dynamique de Norvège dans le champ technologique.

SALTFJELLET-SVARTISEN ★★

Ce parc national se situe sur la commune de Rana. Avec ses 370 km², c'est le plus grand glacier de Scandinavie du Nord.

REPÉREZ LES MEILLEURES VISITES

★ INTÉRESSANT ★★ REMARQUABLE ★★★ IMMANQUABLE ★★★★ INOUBLIABLE

Mo I Rana
MO I RANA FRIHAWN
Koksverksgata
Moloveien
Vikaasen
Vikaveien
toraneskaia
Vikaasen
Vikaveien
Vikaveien
Brannklokkeveien
Toranesgata
Toraneshogda
Toranesgata
Svartisgata
Ecole
Myraveien
Johan Nygaardsvolds gate
Nordlandsveien
Nilsens vei
Midtre gate
Strandgata
Ole Tobias Olsens gate
Ranheimgata
Nordmohegd
Biskop Bangs gate
Lars Meyers gate
Torggata
Bekkedalsveien
TAVIKPARKEN
Myraveien
Øvre Idrettsvei
Musée
Moholmen
Moholmen
Ecole
Musée
Police
Kaialuundveien
Librairie
Hôtel de ville
Jembanegata
Nansens gate
Griegs
Théâtre-Cinéma
Skolegate
Nedre Idrettsvei
Piscine-Salle de Sports
Gare routière
Eglise
Skytterveien
Kirkegata
Kirkegata
Elias Blix's
Hellerviks gate
Ecole
Gare ferroviaire
E6
Taxi
Ole Tobias Olsens
Sortlandsveien
Westens
Amundsens gate
Mobekkgata
Mobekkleira
Sondre gate
Information
Kongsveien
Mobekkbrua
Marcus Thane Gate
Gruvegata
Verkstedveien
E 6
Langneset
Nedre Fageråsen
Privat Vei
0
300 m
N
Musée
Information
Centre médical

BODØ

Petit île proche de Bodø, on accède à Kjærringøy par la route 834, en prenant la direction opposée à Fauske. Possibilité de passer la nuit sur l'île en chambre d'hôte ou au camping.
Informations : http://www.kjerringoy.no/

ÎLE ET MUSÉE DE KJERRINGOY

Kjerringoy
www.kjerringoy.info
Situé à une quarantaine de kilomètres au nord de Bodø, cette charmante petite presqu'île montagneuse abrite un hameau de pêcheurs, ancien comptoir aujourd'hui transformé en musée de plein air. C'était le dernier port des pêcheurs saisonniers avant l'archipel des Lofoten, à l'époque des *Travailleurs de la mer* de Victor Hugo. A la fin du siècle dernier, des centaines de petits bateaux s'y rassemblaient pour attendre des vents favorables leur permettant de traverser les eaux dangereuses du Vestfjord. La figure locale la plus connue était Erasmus Zahl, propriétaire de tout le hameau, et le premier à avoir aidé Knut Hamsun (prix Nobel de littérature) dans ses débuts difficiles.
La maison de Sirilund est bien la même que celle décrite dans son roman *Benoni et Rosa*. Leur version télévisée ainsi que le film, tirés de son œuvre *Pan*, ont été tournés dans cette île. Depuis de nombreux tournages s'y sont déroulés (dont *Dina*, avec Gérard Depardieu en vedette) bénéficiant de lumière magnifique, ce qui permet aujourd'hui une belle exposition sur les films tournés dans l'île. Avec un peu d'humour et beaucoup de volonté, les habitants de l'île se définissent comme vivant dans l'Hollywood de la Norvège. On trouvera ici un café et une boutique de souvenirs aménagés dans la nouvelle étable (Nyfjøsen).

Le Hintergrute express à quai.

Andøya
Harstad
Fornes
Røykenes
Langøya
Flesnes
Lilleng
Bogen
NARVIK
Sandnes
Hinnøya
Sandnes
Melbu
Skarberget
Austvagøy
Bognes
MER DE
NORVEGE
Tranøy
Svolvaer
Ulvsvåg
1520m.
Kabelvåg
Hamatøy
Borge
Skutvik
Laknes
Innhavet
Stamsund
Napp
Mortsund
Fredvang
Vestvagøy
Vestfjorden
Morsvikbotn
Sund
Moskenes
Rago
Nasjonalpark
Vaerøy
Nordland
Landegode
Sorvaerøy
Fauske
Blamannsisen
1571 m.
Vers Røst
et Nykan
Bodø
Straumen
Balvatnet
Saura
Junkerdal
Storjord
Lonsdal
Saltdalen
Storvik
Ornes
Polarsirkelstotte
SVARTISEN
Randalsvollen
Krokstrand
Jektvik
Lonsdalen
Osterdal
Cercle
Polaire
Kilboghamn
Kalvatnet
Mo i Rana
Nesma
Store
Akersvatn
Levang
1804 m.
Rossvattnet
Mosjøen
Alstahaug
Tjøtta
Forvik
Sundsvoll
Anndalsvagen
Horn
Brønnøysund
Tosbotn
Simskar
Borgefjell
Nasjonalpark
SUEDE
Skålvik
Vennesund
Holm
Namsskogan
Limingen
Trones
Sanddol
Grong
Gressamoen
Nasjonalpark
Namsos
Osen
Snåsa
0
25 Km
Steinkjer
Trondheim Fjord
Stjørdal
TRONDHEIM
Selbusjoen

KJÆRRINGØY ★

Petite île proche de Bodø, on accède à Kjærringøy par la route 834, en prenant la direction opposée à Fauske. Possibilité de passer la nuit sur l'île en chambre d'hôte ou au camping.

HAMSUND

Hamsund fait partie de la commune de Hamarøy, dans le comté du Nordland. La localité est connue pour avoir été le lieu où le célèbre auteur norvégien Knut Hamsun a passé les premières années de sa vie.

RAGO ★★

D'une superficie de 171 km², le parc a été créé en 1971. Le plus inaccessible des parcs nationaux est un ensemble tourmenté de crêtes déchiquetées, de profondes failles et de blocs erratiques d'où les rivières dévalent en cascades ou en rapides sur la roche nue. Contigu aux parcs nationaux suédois de Padjelanta, Sarek et Stora Sjöfallet (situés de l'autre côté de la frontière), le parc Rago s'intègre dans un immense ensemble protégé de 5 700 km². L'accès est difficile. On trouve deux chalets-refuges mais peu d'aménagements.

NARVIK ★★★

Située dans un site exceptionnel sur une pointe entre deux fjords, Narvik (18 400 habitants) est une ancienne ville minière aux souvenirs de guerre toujours présents. C'est par son port, qui n'est jamais saisi par les glaces, que la Suède exporte son minerai venant de Kiruna. La voie de chemin de fer qui l'achemine jusqu'à la mer fut construite en 1902 par des terrassiers, travailleurs saisonniers en majorité suédois, qu'on appelait Rallare.

Pendant la Seconde Guerre mondiale, Narvik devint un enjeu très important, car les Allemands avaient besoin de fer pour leurs usines. Dès le début des hostilités, ils occupèrent la ville, qui fut reprise par les forces alliées au prix de combats acharnés (dont la fameuse bataille de Narvik) qui rayèrent quasiment la ville de la carte.

Aujourd'hui, Narvik est la seule avec Bodø à avoir un statut de ville dans le département de Nordland. Par son tonnage, Narvik est le deuxième port de Norvège. Deux trains de passagers assurent quotidiennement la liaison avec Stockholm et Gøteborg par Kiruna, seul moyen de joindre cette ville, non reliée au réseau de chemin de fer norvégien.

Chaque année au mois de mars, Narvik fête ses Rallare lors d'un festival qui couronne leur reine de l'année, Svarta Bjørn (Ourse noire).

HORNVIKA

Hornvika se situe tout au nord de l'île de Mageroy, à laquelle on accède par la route E69, qui longe le fjord de Porsanger. A 2,5 km environ au nord-est du plateau du cap Nord se trouvent des restes de bâtiments et de quais datant de la Seconde Guerre mondiale. Hornvika était l'ancien débarcadère des bateaux de tourisme avant l'ouverture de la route du cap Nord en 1956.

Aujourd'hui, on peut encore grimper les 307 m menant au plateau, sur ce qui reste des 1 008 marches construites dans les années 1880. La faune et la flore de Hornvika sont protégées depuis 1929.

TROMS

Le Troms est par définition le comté du soleil de minuit, alors qu'en hiver il enregistre le plus grand nombre d'aurores boréales au monde. Tromsø, la capitale du comté, surnommée la « Paris du Nord », est l'endroit idéal pour admirer ce phénomène impressionnant.Le Troms est aussi réputé pour sa côte dentelée, pour ses fjords et ses îles pleines de surprises. Le comté est bordé par le Finnmark et le Nordland et il partage une frontière avec le comté suédois de Norrbotten. Dans cette région magnifique, la vie est dure et le gouvernement doit inciter (réduction d'impôt, offres d'emplois, locations à prix réduits) les Norvégiens pour déménager, y habiter ou y rester. Mais le Troms c'est aussi un mélange des cultures, un comté où Samis et Norvégiens cohabitent depuis toujours.

TROMSØ ★★★

Avec ses 65 000 habitants, Tromsø est la plus grande ville d'Europe située au-dessus du Cercle Polaire Arctique. Sa latitude, de 70° nord, est comparable à celle des côtes septentrionales de l'Alaska ou de la Sibérie. Alors couvrez-vous bien en descendant du paquebot ! Située sur une île, Tromsø est reliée au continent par un pont long d'un kilomètre, et elle est protégée de l'océan par la très grande île de Kvaløya.

Le centre-ville a gardé quelques-unes de ses vieilles maisons de bois, à la peinture défraîchie, qui lui donnent un côté attachant. Il y règne aujourd'hui une atmosphère dynamique. Son université, comptant près de 10 000 étudiants, y est pour beaucoup. On ne peut également que saluer et apprécier l'effort culturel fourni par la ville : la bibliothèque, les musées, le centre d'études polaires. Son cinéma Verdensteatret (Storgata 93) est l'un des plus vieux d'Europe.

■ MUSÉE D'ART DE NORVÈGE DU NORD – NORDNORSK KUNSTMUSEUM ★★

Sjøgata, 1
Postboks 1009
✆ +47 77 64 70 20 – www.nnkm.no

Inauguré en 1988, ce musée d'art de la Norvège du Nord s'efforce d'exposer des œuvres rattachées à la culture du Grand Nord. On y trouve quelques paysages romantiques de Dahl, de Tidemand et Gude et, bien sûr, des marines de Peter Balke, ainsi qu'une huile de Jæren de Kitty Kielland et un charmant paysage urbain de Røros d'Harald Sohlberg.

De grands artistes contemporains sont représentés, comme Odd Nerdrum (né en 1944) avec une toile intitulée Torunn et Håkon Bleken (né en 1929) avec un tableau nommé Christian har overblikket. Côté sculptures, on peut admirer une version du roi Haakon VII, de Nils Aas, né en 1933, ainsi qu'un projet en bronze poli d'Aurora, de Knut Steen (né en 1924), dont les originaux se trouvent à Oslo.

MÅLSELV ★

C'est à partir d'ici que frayent les saumons de l'Atlantique. Ils remontent les méandres de la rivière à travers les terres plates du delta jusqu'à cet obstacle difficile. En bas de la cascade se trouve le bassin, auquel Målselv doit sa célébrité. Grâce à l'échelle à saumons haute de 450 m, les poissons les plus vivaces atteignent les eaux au cœur des forêts de Dividalen.

Ville principale
Autre localité
Aéroport
Route principale
Route régionale
Route secondaire
Route maritime
Limite régionale
Frontière internationale
Parc et réserve
NORDISHAVET
Rolvsøya
Revesbotn
Sørøya
Hammerfest
Sørvær
Breikikbotn
Rypefjord
Kvalsund
Hasvik
Seilandjøkelen
Hurtigruten
Loppa
Komagfjord
Øksfjord
Altafjorden
Storvik
Nyvol
Årviksand
Nordkvaløy
Vanna
Arnøy
Rebbenesøy
Vannavalen
Langfjord
Mikkelvik
Kvænangen
Skervøy
E6
ALTA
Burfjord
Hurtigruten
Ringvassøy
Hansnes
Nord-Lenangen
Ullsfjorden
Sørkjosen
Storslett
Kvænangsbotn
Oldervik
Djupvik
Lyngen
Eidkjosen
Sommarøy
Kvaløy
TROMSØ
Olderdalen
Hillesøy
Lyngseidet
Fagerness
Mefjordvær
Masi
Bilto
Skaland
Mefjordbotn
Furuflaten
Skibotn
E10
Gibbstad
Reisaelva
Malsnes
Finnsnes
Senja
TROMS
Storsteinnes
Oteren
Vangsvik
Moen
Nordkjosbotn
Brøtadbotn
Bardufoss
Heia
Kautokeino
Andselv
Kautokeinoelva
Mikkelbostad
Malselva
Øverbygd
Sjøvegan
Setermoen
E10
Lavangen
E6
Frihetsli
Fossbaken
Parc national Øvre Dividalen
Gratangen
Innset
E8
Bjerkvik
NARVIK
Riksgränsen
Tornetäsk
Beisfjord
Parc national Abisko
SUÈDE
E10
KIRUNA

La Laponie norvégienne

PARC NATIONAL D'ØVRE DIVIDAL ★★

Ovre Dividal Nasjonalpark

Le paysage est typique du Grand Nord norvégien : pins et bouleaux, montagnes, marais et lacs, importants dépôts morainiques. Des rennes semi-domestiques peuplent ces grands espaces qui accueillent également les 4 grands carnassiers de Norvège : le lynx, le glouton, le loup et l'ours brun. Accès par la 87, puis route locale jusqu'à Frihetsli, ensuite piste forestière. Sentiers balisés. Refuges non gardés. Superficie : 743 km².

POLAR PARK ★★

Bardu

✆ +47 77 18 66 30

www.polarpark.no

post@polarpark.no

A 3km de la route E-6, direction Bones.

Le parc animalier le plus septentrional au monde, où l'on peut observer des animaux de l'Arctique dans leur environnement naturel. Le parc abrite notamment des espèces du Grand Nord, dont 4 grands prédateurs : ours brun, loup, lynx et glouton. Très agréable et étonnant pour les enfants. Et ceux qui le sont restés. Prévoir du temps (minimum 2 heures) car les animaux sont parfois cachés et il faut être patient pour les observer.

NORDREISA ★★

Au sud de la commune de Nordreisa, se trouve le parc national du même nom d'une superficie de 806 km². Le parc national de Reisa a été créé en 1986 afin de « préserver une vallée montagneuse, belle et encore sauvage, et pour préserver sa flore et sa faune ainsi que les ressources géologiques ». La rivière Reisaelv a creusé un profond canyon à travers le plateau montagneux. Les cascades, dont celles de Mollisfossen (hautes de 269 m) y sont nombreuses ; les sédiments rocheux, la flore et les espèces ornithologiques y sont très diverses. Le parc sert de pâturage aux rennes semi-domestiques de Kautokeino.

HARSTAD ★

Harstad se situe sur la plus grande île de Norvège, Hinnoya, qui baigne à l'est des archipel de Vesteralen et Lofoten. Cette petite ville de 23 000 habitants s'étage en terrasses à partir du port vers les forêts et la montagne qui se dresse dans son dos. Du sommet du Gangåstoppen, la vue embrasse le Vågsfjord jusqu'à l'île de Senja. Pour y accéder, compter 30 minutes à pied sur des sentiers fléchés à partir du parking.

Le Festival d'art de la Norvège du Nord est un événement national. Il a lieu à Harstad durant la semaine de la Saint-Jean. Plus d'infos sur www.festspillnn.no

ARCHIPEL DE SVALBARD

L'ensemble de l'archipel appartient à la Norvège depuis la fin de la Première Guerre mondiale et le traité de Paris de 1920. C'est une terre démilitarisée depuis ce traité.

Les Français nomment souvent Spitzberg un archipel que les Norvégiens appellent Svalbard (ce qui signifie « côtes froides »). Svalbard est situé en plein océan glacial Arctique, à mi-chemin entre le cap Nord et le pôle Nord (soit à plus de 650 km au nord des côtes norvégiennes, à 1 000 km du Pôle). Cinq grandes îles et de nombreux îlots forment cet archipel de 63 000 km² – presque aussi grand que l'Irlande – à la limite de la banquise permanente.

Il dresse ses pics rocheux hauts de 1 700 m dans un décor hivernal où il fait nuit pendant 2 mois et demi consécutifs. Spitzberg (« Montagnes pointues »), la plus grande des îles (39 000 km²), est coupée en son milieu par Isfjord, le fjord de glace, au fond duquel se trouve Longyearbyen, petite ville minière d'environ 2 000 habitants. Désertée de toute civilisation humaine pendant très longtemps, elle est la seule habitée aujourd'hui. L'autre concentration de population se trouve à Barentsburg, communauté russe de 800 âmes.

Longyearbyen est le centre administratif du Spitzberg et forme l'extrême limite de la civilisation dans l'hémisphère Nord. La plupart de ces habitants n'y demeurent pas en permanence mais ils travaillent durant l'hiver pour Det Store Norske (les grands charbonnages de Norvège), dans le cadre d'un contrat annuel – au salaire très valorisé – et conservent leur domicile principal sur le continent. Cependant, un certain nombre d'entre eux découvre une manière de vivre au plus près de la nature à Svalbard et s'y fixe avec leur famille pendant des années.

Des scientifiques effectuent des recherches sur « le trou » de la couche d'ozone, ainsi que sur la faune et la flore arctiques. A ces personnes, il faut ajouter le tourisme « extrême » qui se développe assez fortement.

Un climat polaire. L'archipel s'étend entre 10° et 28° de longitude est et 76° et 81° de latitude nord. Il forme l'extrême pointe de l'Europe, à 550 miles nautiques du PNG. Au-dessus de 81° de latitude nord commence le pack, puis la banquise permanente qui passe par le pôle et rejoint les côtes de l'Alaska. Du fait de la proximité du pôle, le Spitzberg est plongé dans l'obscurité totale dès le 15 octobre et ce jusqu'aux environs du 20 février. Mais à l'approche du mois d'avril, jusqu'à la mi-août, il y règne alors un jour permanent. Sous l'influence du Gulf Stream le Spitzberg jouit de températures relativement clémentes, mais sujet au climat océanique, le temps peut changer très rapidement. Les moyennes annuelles sont de - 8 °C à - 12 °C, avec des relevés de - 1 °C à 1 °C au mois de juin au niveau de la mer. Une variation de - 1 °C est à estimer par 100 m d'altitude. Entre des falaises immenses, dorées ou bleutées selon la position du soleil, dans un sol permagel qui se transforme en marécages pendant l'été, poussent des champs entiers de linaigrette arctique, petite plante des marais à houppe cotonneuse. La surface de la terre ne dégèle en été que sur un mètre de profondeur. Un bras du Gulf Stream, qui arrive péniblement jusqu'à la côte ouest du Spitzberg, adoucit un peu le climat. Les températures varient de - 45 °C en hiver à 10 °C en été. Svalbard est un désert arctique avec très peu de précipitations, et les deux tiers de l'île de Spitzberg sont recouverts de glace. Cependant, il reste de grands espaces pour faire des randonnées. Il faut prévoir des vêtements chauds, coupe-vent, pulls, bonnets, gants et surtout de bonnes chaussures de marche, éventuellement des bottes en caoutchouc, les sols étant souvent détrempés en été.

Aujourd'hui, plus de la moitié du territoire est protégée à travers des réserves naturelles, des parcs nationaux, des réserves ornithologiques ou des réserves botaniques. De nombreuses espèces d'animaux polaires bénéficient également de ces mesures de protection : les oiseaux comme le macareux, le goéland sénateur, la sterne arctique et les mammifères comme le renard polaire, le renne arctique, les phoques et les baleines.

TRANØY ★

Dans ce hameau au bord de la mer, Knut Hamsun travailla dès l'âge de 15 ans, comme apprenti dans la vieille épicerie du village. Tout en ayant conservé son charme d'antan, la boutique a été reconvertie en galerie d'art avec une exposition permanente de gravures de Karl Erik Harr illustrant les œuvres les plus connues de Hamsun : « *J'avais autrefois un oncle maternel à Hamarøy, un vieux célibataire endurci, avare et grincheux, très taciturne, ce que l'on est convenu d'appeler une bonne tête et un homme à son aise. C'est mon oncle qui a laissé les empreintes les plus durables dans mon cœur. Il ne s'entendait pas à traiter un enfant. Il m'affama et me tyrannisa.* » Knut Hamsun, *Sur les sentiers où l'herbe repousse*, 1949. La maison voisine, l'adorable pension d'Edvarda est, elle aussi, restée inchangée.

Tranøy n'est pas encore bien connu des touristes étrangers. Mais Horst Tapper, le défunt acteur vedette de la série télévisée allemande *Derrick*, s'y était fait construire une maison de vacances. Depuis sa propriété de 140 m², ce pêcheur passionné et lecteur assidu de Hamsun jouissait d'une vue grandiose sur le Vestfjord et les Lofoten.

PHARE – TRANØY FYR ★★

Tranoy Fyr
✆ +47 75 77 23 00
www.tranoyfyr.no
postmottak@hamaroy.kommune.no

A 30 km, ce phare, qui n'est plus habité depuis 1970, est un lieu très prisé des peintres et des écrivains. Un pont piéton relie le rocher du phare à la terre ferme. Les seuls habitants du lieu sont une vingtaine d'eiders qui viennent ici nidifier. Attention, le temps peut changer très vite ! A tout moment, les éléments peuvent se déchaîner autour de ce phare isolé dans la mer.

FINNMARK

Département le plus vaste de la Norvège, le Finnmark comprend moins de 2 % de la population répartie dans 15 % de la surface du pays.

Sur la façade maritime, les étés sont frais et les hivers relativement cléments. La région ne jouit pas d'un climat très stable. Même en été, une tempête peut provoquer en quelques instants des chutes de neige, du brouillard ou du crachin.

A l'intérieur des terres, l'immense plateau de Finnmark est une plaine de toundra quasi désertique comportant seulement 2 villages lapons, Karasjok et Kautokeino. Dans ces immensités (48 000 km²), on peut randonner pendant plusieurs jours, voire plusieurs semaines, sans rencontrer âme qui vive. Les étés sont chauds. Quand le soleil éclaire 24h/24, les températures peuvent atteindre 32 °C. Mais les hivers extrêmement

rigoureux voient parfois le thermomètre descendre à - 50 °C. A l'intérieur du plateau, la neige, qui tombe dès le début du mois d'octobre, reste présente jusqu'à fin mai.
Cette longue nuit hivernale est éclairée de fabuleuses aurores boréales. Et, même en hiver, la route reste tout à fait praticable. En avril ou mai, le temps s'adoucit. Bien que situé plus au nord que les glaces du Groenland, le Finnmark bénéficie d'un climat moins rigoureux. Le Gulf Stream, qui croise au large des fjords, modère les effets de ses latitudes extrêmes.

Des saisons très marquées. En été, aux immenses étendues de neige succèdent les paysages de marécages, de lacs et de rivières, vestiges d'une lointaine époque glaciaire qui a raboté le plateau parsemé de quelques bouleaux rabougris. Les immenses prairies de la toundra s'étendent à perte de vue, par endroits légèrement vallonnées et traversées de rivières à saumons et d'innombrables lacs poissonneux. Les marais abondent en mûres arctiques et en linaigrettes balançant leurs plumets cotonneux dans la brise estivale. Mais ces paysages humides sont alors infestés de moustiques, de moucherons et de taons, véritable plaie du Grand Nord. Apparus avec le brusque redoux, ces insectes assaillent les ruisseaux à l'eau glaciale d'où jaillit l'éclair argenté d'un saumon qui illumine, pour un bref instant, la dense nuée noire des moucherons. L'automne qui commence dès la fin du mois d'août, est court, intense, magnifique. Pendant les deux premières semaines de septembre, les paysages parsemés de bouleaux arctiques et de buissons de myrtilles indigo se parent de leurs plus belles couleurs qui s'embrasent sous le soleil automnal, avant d'être ensevelis sous le linceul blanc.

Les Sames (population Lapps, du pays plat), Kvenes (originaires de Finlande) et Norvégiens vivent ici depuis des générations. A la fin du siècle dernier, eut lieu ici une importante immigration de Finlandais, chassés de leur pays par la famine. Leur culture *kvene* s'est superposée aux deux cultures déjà existantes, la same (lapone) et la norvégienne. De multiples vieilles maisons reflètent la diversité de cette population.
Horsnes, Signaldalen et Skibotn constituent trois haltes intéressantes pour cette raison. Skibotn, tout particulièrement, où se tient depuis des générations un marché au centre-ville, qui fut le véritable lieu de rencontre des nomades du Grand Nord. La tradition se perpétue et l'animation revient lors de la nouvelle Eve, au milieu de l'été. A Elsnes, près de Skibotn, Blodveien (la route du Sang) monte vers le plateau de Falsnes, point d'observation du soleil de minuit. Elle a été ouverte par des prisonniers russes pendant la Seconde Guerre mondiale, qui effectuaient des travaux forcés dans des conditions effroyables. Des bunkers, des ponts et certaines petites routes d'accès appartiennent aux traces de la Seconde Guerre mondiale : « la ligne de défense Lyngen » (Lyngen-linja).

KAUTOKEINO ★★

Guovdageaidnu en langue same, Kautokeino, situé à 130 km au sud de Karasjok, n'est guère qu'un petit village perdu dans l'immensité du haut plateau de Finnmark.

KARASJOK ★★★

Ici, la toundra ne se pare plus que de quelques bouleaux nains, torturés par les rigueurs du climat. Le sol, enseveli sous un épais linceul de neige, produit surtout le lichen, indispensable aux rennes.

■ SAPMI PARK ★★

Leavnnjageaidnu 1,
✆ +47 78 46 88 00
www.visitsapmi.no/karasjok
Ce parc dédié à la culture same présente en première partie un film (25 minutes) sur l'histoire de ce peuple puis il est possible de visiter plusieurs bâtiments qui recréent les modes de vie des Sames durant l'été (tentes traditionnelles ou *lavvu*, abris pour la nourriture, enclos avec quelques rennes) les lieux ne sont pas bien grands et on a vite fait le tour, à la différence de la boutique qui est immense. Tout le personnel est habillé en habit traditionnel.

ALTA ★★★

Alta est la dernière ville avant le Cap Nord. Malheureusement, le terme de ville ne lui confère ni animation ni dynamisme. Malgré ses 19 200 habitants, et son université comptant près de 2 000 étudiants, Alta est grise et triste. La ville s'étend tout en longueur, bordée par l'Altafjorden, et suivant l'E6. Le parking du centre commercial fait office de centre-ville (où se trouve également l'office de tourisme), encerclé par quelques hôtels. L'économie d'Alta repose principalement sur son industrie de l'ardoise, exportée dans le monde entier. Ainsi, s'arrêter à Alta n'est pas spécialement recommandé, à part pour se ravitailler.

En revanche, les environs méritent le voyage. Les gravures rupestres datant de 2 500 à 6 200 ans, inscrites au patrimoine mondial de l'UNESCO, sont conservées au musée de Hjemmeluft. Egalement, le canyon d'Alta, à 30 km en direction de Kautokeino, et ses paysages de toundra attirent les marcheurs. Soyez bien équipés, et comptez plusieurs heures car le circuit proposé fait une bonne vingtaine de kilomètres. Enfin, clou du spectacle naturel, la rivière Alta, réputée pour son saumon, ravira les amateurs de pêche.

■ ALTA MUSEUM ★★★

Altaveien, 19
✆ +47 78 45 63 30
www.alta.museum.no
post@altamuseum.no
Le musée a ouvert en 1991, en bordure d'une zone de fouilles de gravures rupestres découvertes en 1973. C'est la plus grande zone de toute l'Europe du Nord et elle est classée patrimoine mondial par l'UNESCO. Il est rapidement élu meilleur musée européen en 1993. Les gravures datent de 2 500 à 6 500 ans. Les 3 000 gravures à ciel ouvert se visitent sur un parcours d'environ 5 km, en empruntant des sentiers aménagés et des pontons de bois. Les scènes de chasse au renne, à l'élan et à l'ours datent de la fin du néolithique.
A l'intérieur du bâtiment, le musée propose des expositions sur la préhistoire du Finnmark. Une petite partie est consacrée à la culture same (lapone), leurs chamans (*noaidi*) et leurs rochers de sacrifice (*sieidi*). Depuis la nuit des temps, les Sames se sont retrouvés ici, dans la baie aux Phoques, pour accomplir leurs rites magiques.

Cathédrale des aurores boréales à Alta.

AMTMANNSNES
KOMSA
Amtmannsnes
Point de vue
LILLE KOMSA
Point de vue
ALTA-FJORDEN
Tollevikveien
Bossekopveien
Kinoveien
Skoleveien
SKAIALUFT
Point de vue
Maskinsvingen
Altaveien
Information
MIDTBAKKEN
CENTRE VILLE
Strandveien
Bakkeveien
Altaveien
Aronnesveien
Information
APANES
Altaveien
Gakorivein
Kautokeinoveien
Thomasbakkveien
ELVERSTRAND
Elvestrand
vers Tirpits- Alta Musée
GAKORI
THOMASBAKKEN
Musée d'Alta
HJEMMELUFT
Elvestrand
LILLE
SKODDEVARRE
Skoddevarre
Gakorivannet
Heikinniva
Holmen
Kautokeinoveien
Raipasveien
Øyunveien
FORBYGNINGA
ØVRE ALTA

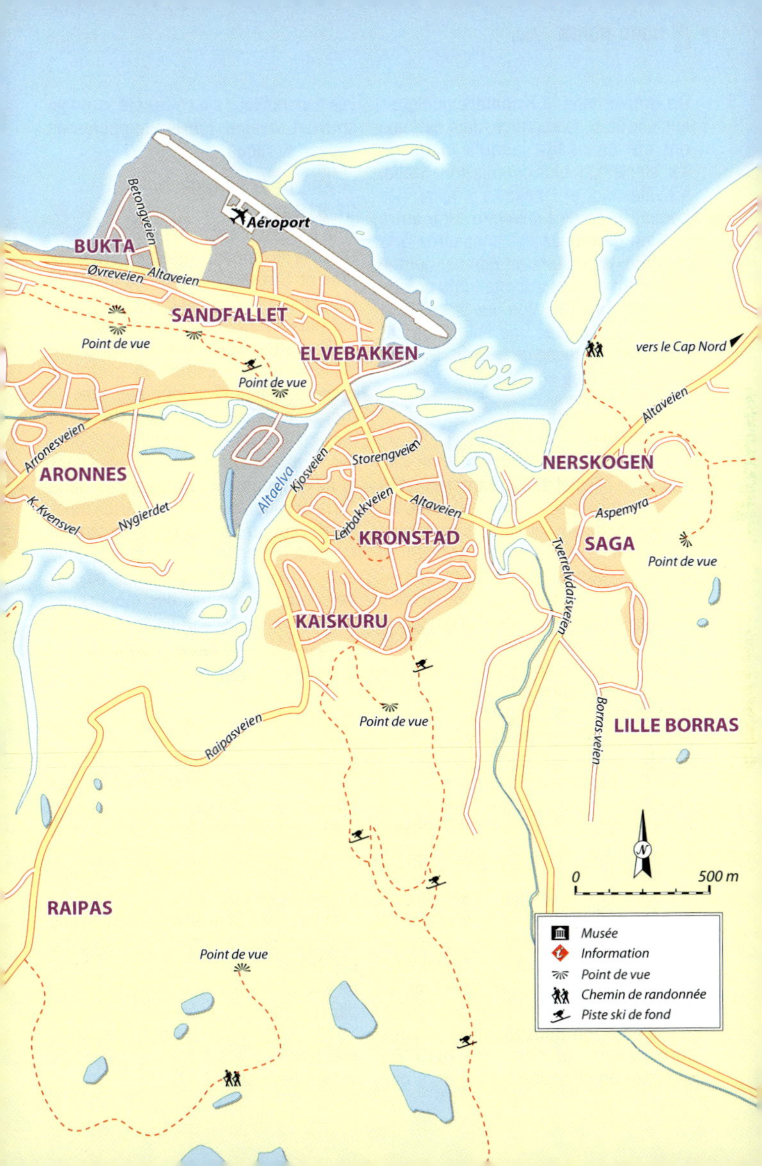

Aéroport
Betongveien
BUKTA
Øvreveien
Altaveien
SANDFALLET
Point de vue
ELVEBAKKEN
Point de vue
vers le Cap Nord
Altaveien
Arronesveien
ARONNES
Storengveien
Kjosveien
Altaelva
NERSKOGEN
K. Kvensvel
Nygierdet
Lerbakkveien
Altaveien
Aspemyra
KRONSTAD
SAGA
Point de vue
Tverrelvdalsveien
KAISKURU
Point de vue
Borras-veien
LILLE BORRAS
Raipasveien
0
500 m
RAIPAS
Point de vue
Musée
Information
Point de vue
Chemin de randonnée
Piste ski de fond

On trouve dans le Finnmark quelques anciens lieux de sacrifice, dont certains ont été en usage jusqu'à la fin du XXe siècle. Les plus connus sont Stallo, à Kvalesund, et Finnkirka (l'église des Lapps), près de Kjøllefjord. Une autre section du musée est consacrée à la mystérieuse culture de Komsa, dont le nom vient de la montagne toute proche (un beau point de vue sur le soleil de minuit). Café avec vue splendide sur l'Altafjord, boutique de souvenirs et aire de jeux pour les enfants.

HAMMERFEST ★★

70° 39' 48 » nord et un statut de ville acquis le 7 juillet 1789, Hammerfest, à l'atmosphère particulière est riche de 11 000 habitants et est la ville la plus septentrionale du monde, (les autres agglomérations ne méritant pas le nom de ville). C'est le commerce avec Pomor, en Russie, qui fut à l'origine de la naissance de Hammerfest qui bénéficie en outre d'un très beau port naturel. Les autochtones apprenaient la chasse à la baleine et à l'ours blanc dans l'Arctique, auprès des Russes du Nord. A présent, tout le monde peut devenir membre du Club des ours polaires, moyennant une redevance. Le port n'étant jamais pris dans les glaces hivernales, les convois de blé du Danemark pour Arkhangelsk transitaient par Hammerfest. C'est pourquoi la ville fut mise à sac par les armées anglaises pendant les guerres napoléoniennes. A l'époque, la Norvège faisait partie du royaume du Danemark, qui s'était rangé aux côtés de la France. A la pointe de Skansen, de l'autre côté de la baie, on peut toujours voir les fortifications qui datent de 1810. Du sommet de la colline Salen, on a une vue panoramique sur cette côte sauvage, souvent ravagée par les tempêtes de l'océan Arctique.

ARC GÉODÉSIQUE DE STRUVE ★★★

whc.unesco.org/fr/list/1187

Selon la description faite par l'UNESCO, l'Arc de Struve s'étend de Hammerfest jusqu'à la mer Noire et traverse 10 pays sur plus de 2 820 km. Le projet a été réalisé à l'origine par Friedrich Georg Wilhelm et représente la première mesure exacte d'un long segment de méridien qui a contribué à définir et mesurer la taille et la forme exactes de la Terre ; elle a joué un rôle essentiel dans le développement des sciences de la Terre et l'établissement de cartes topographiques précises. C'est un formidable exemple de collaboration scientifique entre chercheurs de différents pays et de coopération entre des monarques pour une cause scientifique.

Pour plus de renseignements, voir le site de l'UNESCO.

GJESVÆR ★

Au bout d'une petite route à l'ouest du Cap Nord, Gjesvær se présente comme une petite rangée de maisons coincées entre les rochers et le large, avec une vue magnifique sur les îlots qui se dressent face au port. C'est également un point idéal de l'île pour admirer le soleil de minuit et ses 120 habitants disent même que c'est souvent plus ensoleillé ici qu'au cap Nord.
Le village est relié avec le reste de l'île par une route, qui n'existe que depuis 1976, remplaçant ainsi les voies maritimes qui étaient le seul moyen de venir à Gjesvaer.

Arc géodésique de Struve.

Phare de Gjesvær.

COLONIE D'OISEAUX DE GJESVÆRSTAPPAN ★★★

Gjesværstappan

Cet archipel d'une centaine d'îles et d'îlots rocheux abrite d'immenses colonies d'oiseaux nicheurs, y compris l'une des plus grandes colonies de Macareux moines de Norvège du Nord. Ces oiseaux cohabitent avec d'autres espèces comme les fous de Bassan, les pygargues à queue blanche, les pingouins torda, les eiders, les grands cormorans, les fulmars et les labbes parasites. On estime la population d'oiseaux nicheurs sur ces îles à quelque 3 millions d'individus. La montée sur le plateau arctique de Magerøy est très impressionnante. La route grimpe en lacets dans un paysage lunaire. De petits lacs de couleur verte reflètent un ciel qui ne connaît pas de nuit en été, assombri seulement par le mauvais temps (assez fréquent, il faut le dire). En haut, on a l'impression qu'une lumière étrange se libère en surgissant de l'horizon arctique qu'aucune montagne n'obstrue avant le pôle Nord. Aucun arbre ne pousse. Les troupeaux de rennes se contentent d'un peu de lichen et d'herbe courte.
Tout le long de la route, des pierres sont empilées en de petits monticules. Pour signaler un passage ou pour conjurer les mauvais esprits ?

Fjord.

HONNINGSVÅG

Centre administratif de la région, et dernière véritable halte avant le Cap Nord, Honningsvåg est dénuée de tout charme. Entièrement détruite durant la Seconde Guerre mondiale (seule son église a été épargnée), elle possède toutefois un petit port très actif. La ville s'anime finalement deux fois par jour, grâce au flot de touristes déversé par l'Express Côtier. Le tourisme se développe donc, mais l'économie repose encore essentiellement sur l'exploitation d'hydrocarbures. L'appel du Cap Nord se fait sentir de plus en plus fort et c'est d'ici que vous organiserez votre aventure.

NORDKAPP ★★★

Le cap Nord est une falaise de 307 m de hauteur qui s'élève au-dessus de l'océan Arctique. Un lieu à couper le souffle. Cependant, sans vouloir briser votre rêve, le cap Nord est avant tout un lieu touristique, où le parking est payant. Voici notre astuce réservée aux petits futés qui rêvent de calme pendant l'escale : Nordkapp n'est pas le point le plus septentrional d'Europe continentale. Ce prix revient à Knivskjelodden, que l'on n'atteint qu'après une randonnée de 18 km (aller-retour) inaccessible par véhicule. Là-bas, vous serez seul au monde, à l'extrémité du continent !

Safari aux crabes géants
© EMMANUELLE GLUMAN

CAP NORD – NORDKAPP ★★★★

Fiskeriveien 4D
✆ +47 78 47 68 60
www.nordkapp.no

Au bout de la falaise du cap Nord se trouvait autrefois un lieu de sacrifices rituels sames. Aujourd'hui, il ne reste plus qu'un grand parking, passage obligatoire pour accéder au centre touristique caché dans la falaise et inauguré en 1988. Pas moyen d'éviter de payer, la route est entourée de barrières. Sinon, sachez qu'une entrée est valable pour 24 heures. De nombreux petits malins viennent donc planter leur tente dans le parc. Pour être plus précis, ces malins utilisent les grosses pierres des environs pour retenir la toile de tente : en effet, le sol est si dur (ou gelé) qu'il est quasi impossible de planter quelque chose dedans. Mais au moins, vous bénéficiez d'un endroit étonnant, d'un environnement radicalement différent, et économisez une nuit d'hôtel avec vue imprenable sur le lever et le coucher de soleil sur le cap ! Il faut cependant regretter le nombre d'autocars qui déversent presque en continu des touristes pressés et souvent hagards, cette noria bruyante nuit indéniablement à la majesté de lieux. Quoi qu'il en soit, le lieu a ce quelque chose de magique car on sait que l'on se trouve au point le plus au nord, au bout de l'Europe, et cette pensée suffit. La route qui mène au cap Nord est pour beaucoup dans ce cheminement. Une lente progression, l'aridité des paysages, tout concourt à faire encore et toujours du cap un endroit à part.

Hormis cette vue vers un horizon bleu, la vaste structure touristique creusée dans la falaise abrite un complexe moderne de boutiques, cafétérias et restaurants (où les prix sont corrects). Le centre comprend un petit bureau de poste afin de bénéficier du tampon officiel cap Nord et une salle munie d'un écran géant où sont projetés des documentaires sur le Finnmark. C'est réellement impressionnant et bien pensé. Un petit musée est consacré aux premières personnalités qui sont venues au cap Nord. Le prêtre-explorateur italien Pietro Negri, à la recherche du bout du monde, fut l'un des premiers touristes à visiter le cap Nord en 1664. Ensuite suivirent, en 1873, Oscar II, roi de Suède-Norvège, et Louis-Philippe chassé de France en 1795 et déguisé en visiteur tout à fait ordinaire. De nombreux habitants de l'île estiment d'ailleurs posséder du sang royal français, jouant sur la réputation que l'on prête à tous les Français et aussi à leurs rois ! Petit jeu pour les visiteurs, trouver son buste à l'intérieur du centre... A l'époque, le seul moyen d'approcher la falaise du cap Nord consistait à prendre le bateau, puis grimper les 300 m au sommet, la route carrossable traversant le plateau n'ayant été ouverte qu'en 1956. Cette route sera d'ailleurs de nouveau bientôt ouverte et l'épreuve physique donnera accès à une somptueuse vision sur ce cap. Enfin sachez qu'une chapelle thaïe a aussi trouvé place dans ce centre : en mémoire au roi thaï qui s'est rendu en ce lieu. Une chapelle œcuménique permet aussi de se marier pour qui le désire au bout du monde !

A l'intérieur du hall, un « bar à champagne » a été aménagé face à une baie panoramique avec une superbe vue sur le soleil de minuit qui dure du 16 mai au 28 juillet (quand il n'y a pas de brouillard). Une petite terrasse extérieure est accrochée au-dessus d'un précipice de 300 m donnant sur l'océan glacial Arctique. Le brouillard monte souvent de l'océan, enveloppant la pointe du cap Nord qui semble alors flotter entre ciel et mer. Ici, c'est le bout du monde !

KAMØYVÆR ★★

Petit village de pêcheurs de 150 âmes situé entre Honningsvåg et la pointe du Cap Nord. Il abrite notamment un grand hôtel Arran tenu par une famille same, reconnaissable à sa façade en bois et à sa couleur bleue, l'une des couleurs des Sames. L'intérêt touristique y est donc limité !

GAMVIK ★★

La commune de Gamvik possède plusieurs comptoirs de pêche pittoresques à visiter : Mehamn, Gamvik et Skjånes. L'endroit est un haut lieu de pêche et l'on déguste dans les restaurants du poisson fraîchement sorti de la mer de Barents. On peut admirer à Gamvik un phare réaménagé en hôtel tranquille. La vue est imprenable, les lumières, évidemment somptueuses.

MEHAMN ★

Mehamn est le centre administratif de la province de Gamvik, la plus septentrionale de toute l'Europe continentale. Elle compte 1 100 habitants vivant principalement des activités liées à la pêche. Le port de Mehamn, point d'escale de l'Express côtier, est très dynamique.

KJØLLEFJORD ★★

L'Express côtier s'arrête quelques minutes dans ce minuscule port de 1 300 habitants. Les habitants, possédant presque tous des racines sames, espèrent bénéficier d'une halte plus longue dans quelques années : car ils ont de belles choses à montrer.
A commencer par Finnkirka : une falaise, parmi les plus belles du monde. Tournée vers la mer à l'entrée du fjord, elle ressemble à s'y méprendre à une grande église, et les reflets, sous la lumière, peuvent être somptueux. Il s'agirait d'un ancien lieu sacrificiel same. Les promenades au pied de cette falaise sont superbes tant la pierre ressemble à du bois... Etonnant.
Les pêcheurs se tournent de plus en plus vers l'industrie touristique, espérant bénéficier de l'attrait du cap Nord, à quelques kilomètres seulement. Il ne fait aucun doute que ceux-ci vont venir. Nous vous conseillons d'être parmi les premiers : le coin est ravissant et authentique.

KONGSFJORD ★

Kongsjford dépend de la commune de Berlevåg, qui se trouve à une trentaine de kilomètres. Les glaciers sont superbes, la région offre des paysages qui valent tous les kilomètres parcourus.

BERLEVÅG ★★

Berlevåg est le hameau du célèbre roman *Le Festin de Babette*, de la Danoise Karen Blixen. Pendant l'été 1992, une quarantaine de marins de Berlevåg ont été engloutis par une tempête particulièrement violente. L'endroit est réputé pour le système de brise-lames qui protège son port. Au pied de la montagne, la petite ville a l'air d'une ville joujou, faite de blocs de bois peints en gris, en jaune, en rose et en bien d'autres couleurs.

La nationale RV890 entre Konjsfjord et Bervelåg suit la côte battue par les vents et traverse un paysage de fjords, sauvages et spectaculaires. Falaises déchiquetées, formations de grès et de schistes argileux, structures plissées ou stratifications obliques, les géologues seront aux anges.

VADSØ ★★

Cette petite bourgade est chargée d'histoire. Au XIXe siècle, elle était la plaque tournante de l'immigration finnoise en Norvège.
Aujourd'hui, la ville offre de multiples activités de plein air et est très connue pour son festival de musique annuel, le festival de Varanger qui est le plus grand festival de jazz de la Norvège du Nord.

VARDØ ★★★

« L'île du loup » (*vargr* : loup ; *øy* : île) fait face à la redoutable mer de Barents. Vardø est construit sur un sol de permagel (c'est-à-dire qui ne dégèle jamais !). Si on regarde la carte, on voit que Vardø se trouve à la même longitude que le Moyen-Orient, et est donc à l'est de Saint-Pétersbourg, de Kiev et d'Istanbul !
Mais sur ces côtes sauvages des régions arctiques situées beaucoup trop à l'est, le Gulf Stream s'essouffle et n'arrive plus à adoucir les rigueurs du climat comme il le fait sur les autres côtes norvégiennes. 2 400 personnes vivent ici. C'est la ville fortifiée la plus septentrionale du monde.
Ile vit de la pêche et du tourisme. Le port, sur la mer de Barents, est libre de glace pendant toute l'année grâce à la dérive nord-atlantique.

KIRKENES ★★★

Kirkenes, dont le nom signifie « cap de l'Église », est une ancienne ville minière, connue pour son minerai de fer. Dernière ville avant la frontière russe (à 60 km) et située à 200 km de Mourmansk, elle peut compter son petit port parmi les principaux de la mer de Barents. C'est également la dernière (ou première) escale de l'*Hurtigruten* (ligne de l'Express Côtier), qui draine chaque jour les touristes curieux. Si la ville présente peu d'intérêt, ses environs méritent une promenade. A 70 km au sud de Kirkenes se rencontrent les trois frontières : russe, norvégienne et finlandaise. Mais aussi trois types de végétations : la taïga, la steppe sibérienne, et la flore arctique : une nature capable de supporter des écarts de température allant de – 52 °C à + 32 °C ! Il est possible d'apercevoir des ours bruns, des rennes en liberté et, si vous louez un canot sur la rivière Pasvik, de vous faire accompagner par des phoques curieux... Il nous semble difficile de comprendre cette ville, son atmosphère, sa nature et ses habitants en atterrissant depuis une grande ville directement ici. En revanche, elle conclut de manière parfaite un voyage vers le nord : ici il faut du temps pour contempler !

ØVRE PASVIK ★

Øvre Pasvik est un parc national norvégien. Il présente une immense taïga sibérienne. Le parc a été créé en 1970 et élargi en 2003. Il couvre une superficie de 119 km². Depuis 1991, la Finlande a également déclaré cette zone sauvage comme protégée. Et en 1992, de l'autre côté de la frontière, les autorités russes ont créé un parc jumeau, un *zapovednik* (réserve naturelle).

Kirkenes
Police
Johan Knudtzens gate
Centre médical
Kirke Gata
Dr. Wessels
Gate
Sjøgata
Aankersgate
R. Aankersgate
F. Nansens
R. Withs gate
Amtmann
Henrik Lunds gate
Riiser Larsens gate
Arbeidergate
Information
Mémorial Russe
Graffs g.
gate
CENTRE VILLE
Storgata
Wiulls gate
Kjelland Torkildsens
Andersgrotta
Haganesveien
Gjert Liens gate
Gare maritime
PRESTØYA
Presteveien
Carl Lunds gate
Pasvikveien
Kongensgate
Parkveien
STORHAUGEN
Prestøyveien
Egebergsgate
Stubben
Klavenessgate
Kronprinsens gate
Solheimsveien
Axel Borgens vei
Parnassveien
Industiveien
Fearnleys gate
Kiekegardsveien
Hans Væggers vei
Tippveien
Fyllingsveien
Soldatveien
Langørveien
Panneau de bienvenue
Fjellveien
Kristen Nygaardsgate
Bergstien
Musée du Grenseland
Musée Savio
PRESTEFJELLET
Musée
Curiosité et divers
Information
Gare maritime
Centre médical
0
250 m

ÎLES LOFOTEN

Officiellement, les îles Lofoten ne font pas partie de la Laponie, mais il serait dommage de ne pas y faire un détour de quelques jours, en introduction ou conclusion d'un séjour.
Archipel où viennent se mêler les plus beaux paysages, des fjords aux plaines fertiles, les îles Lofoten font certainement partie des plus belles îles du monde. Même si le tourisme s'y développe de plus en plus, la sensation d'être seul au milieu de nulle part est vite présente, devant l'immensité des paysages. D'une traite, la traversée des trois îles composant l'archipel des Lofoten est assez rapide, mais il faudra prendre le temps de s'y arrêter, et d'admirer la diversité des paysages présents. Des montagnes aux falaises, des plages aux plaines fertiles.
Les îles principales sont Austvågøy, Gimsøy, Vestvågøy, Flakstadøy, Moskenesøy, Værøy et Røst. La partie sud de la plus grande île de Norvège, Hinnøy, est également située dans les Lofoten. Au total, ce regroupement d'îles fait 1 227 km², et on y compte environ 24 500 habitants. Par route, la distance entre Fiskebøl dans le nord jusqu'à Å dans la pointe sud n'est que de 170 km. Les routes ont bénéficié de la manne pétrolière et jouissent d'aménagements superbes, les ponts sont nombreux et souvent très beaux. Mais attention, tout reste sinueux comme dans les montagnes, et il faut une journée pour couvrir correctement la distance séparant les points les plus distants de l'archipel.
La diversité des îles Lofoten et la splendeur de leur nature permettent la pratique d'activités tout au long de l'année : safari de baleines et d'orques (6 m de longueur tout de même) à bord d'un Zodiac de mer en automne.
En hiver, la fameuse pêche des Lofoten. Il n'est donc pas rare de voir des morues sécher, la tête en bas et la gueule ouverte, le long des routes, dans les jardins, partout !
La découverte de pétrole, ces dernières années, au large des Lofoten a fait grand bruit dans les compagnies mondiales qui se voyaient déjà amasser l'or noir dans cet endroit idyllique. Mais c'était sans compter le gouvernement norvégien qui a interdit, en mars 2011 et jusqu'à nouvel ordre, toute activité pétrolière au large des îles Lofoten. Le gouvernement de centre-gauche a ainsi évité une potentielle crise écologique en sanctuarisant les îles.

RØST ★★★

L'archipel de Røst, le plus au sud des Lofoten, compte 365 îles. Røstlandet, l'île principale, ne s'élève qu'à 12 m au-dessus du niveau de la mer. Røst est un repère pour oiseaux, où près de 5 millions d'espèces ont été recensées. Les oiseaux viennent nidifier sur les rochers, évoquant des chapeaux posés sur la mer. Autre curiosité de l'île, le chien de Mostad, une race très rare avec 6 griffes à chaque patte. Autrefois, on l'utilisait pour chasser le macareux, appelé perroquet de mer à cause de son bec multicolore. La chasse à mains nues de l'aigle marin, qui se pratiquait depuis le Moyen Age, est maintenant interdite. L'église de Røst fut emportée par une tempête en 1835.

VÆRØYA ★★

Le voyage entre Moskenes et Værøy vous fera traverser l'un des courants océaniques les plus féroces, le célèbre maelström qui inspira Jules Verne dans *Vingt mille lieues sous les mers* et Edgar Allan Poe dans sa nouvelle *Une descente dans le Maelström*. Værøy possède une plage de sable blanc protégée par des montagnes d'une beauté étrange. Les parois de roche lisse se dressent à une hauteur de 400 m, interdisant tout autre accès que par la mer.
Une des dernières îles des Lofoten, Værøy est un véritable sanctuaire d'oiseaux. La capture d'aigles est une des traditions de Værøy.

MOSKENESØYA

Les glaciers et autres forces naturelles ont formé l'île de Moskenes, composée de montagnes abruptes et de plages étroites. C'est l'un des paysages les plus sauvages et impressionnants de Norvège. Les agglomérations, après avoir privilégié traditionnellement l'ouverture sur la haute mer, sont situées sur le versant est de l'île où baignent de petits ports de pêche. Le sommet de Hermannsdalstind, à 1 029 m au-dessus de la mer, se dresse sur la plus haute montagne de l'ouest des Lofoten. Ici, on trouve un grand nombre de lacs poissonneux. Plusieurs villages concentrent l'animation, notamment Sorvagen, A et Reine (centre administratif).

MOSKENES ★★

La commune de Moskenes (117 km²), qui réunit 1 700 habitants, s'étend sur l'île de Moskenes.

REINE ★★★

Reine, hameau de 300 habitants, a été primé pour sa situation dans « le plus beau paysage de Norvège ». En effet, les sites des environs sont grandioses. Les montagnes ont été sculptées et façonnées par les glaciers de l'ère tertiaire comme nulle part ailleurs. A la haute saison, des concerts classiques sont donnés dans la petite église.

Rencontre avec les lamas du Lofoten.

Kayak à Reine.

FLAKSTADØYA

L'île de Flakstadoya se situe au nord de Moskenesoya. Elle compte notamment les localités de Ramberg et Vikten.

NUSFJORD ★★

Ce minuscule hameau est entouré de paysages grandioses. Quelques *rorbuer* se serrent les uns contre les autres autour du port en forme de fer à cheval, formé par un étroit bras de mer, entre de hautes montagnes. Grand élevage de saumons dans le fjord en face.

VIKTEN ★★

Sur l'île Flakstadoya. A l'ouest de la E-10. Cette côte orientée nord-ouest offre les plus belles vues sur le soleil de minuit.

Moins protégée que la côte intérieure, elle est bien plus rude et souvent battue par d'effroyables tempêtes.

RAMBERG ★★

Au nord de l'île de Flakstadoy, l'unique route qui suit le bord de mer se cramponne à flanc de montagne. Après avoir glissé d'île en île sur des petits ponts élancés, elle atteint Ramberg, un petit bourg qui offre de jolies vues sur cette côte d'une beauté sauvage. Une longue plage de sable blanc se dévoile aux visiteurs.

VESTVÅGØYA

L'île de Vestvagoya se situe au nord de Flakstadoya. Elle compte les localités de Stamsund et Leknes.

LEKNES ★

Leknes se situe au sud de Vestvagoya. La ville compte un aéroport régional.

STAMSUND ★★

Avec ses I 400 habitants, Stamsund est le village de pêcheurs le plus important de l'archipel des Lofoten. L'*Hurtigruten* fait escale dans ce port. Symbole du développement des Lofoten, Stamsund comprend une vie culturelle riche : le village abrite trois théâtres fixes et l'école d'art des Lofoten. Un festival de théâtre est organisé chaque année. Les montagnes sont équipées de sentiers balisés au niveau varié de difficultés. Les eaux autour de Stamsund sont riches en poisson et de nombreuses personnes profitent du séjour pour pêcher et sortir en bateau. Lofoten Snowboard & Alpin Senter a un centre de ski éclairé et très moderne à Stamsund avec canons à neige.

MUSÉE VIKING LOFOTR – LOFOTR VIKINGMUSEET ★★

Prestegårdsveien 59, Bøstad
✆ +47 76 08 49 00
www.lofotr.no
vikingmuseet@lofotr.no

Le site de Lofotr a livré les plus importants vestiges vikings, découverts ces dernières années. Ainsi, le site constitue la plus grande ferme-village viking jamais mise au jour. Le nouveau musée viking est construit autour de l'excavation de la maison commune, longue de 83 m.

Tassée et ramassée sur elle-même, elle est à la fois ingénieuse, pratique, impressionnante et parfaitement démonstrative des structures politiques et économiques. Des expositions d'objets trouvés lors des fouilles, des bateaux vikings de 23 et 30 m qui embarquent les volontaires, des pièces de théâtre et des repas, tout est fait pour vous plonger dans ces temps héroïques. Fantastique.

AUSTVÅGØYA

Situé au nord de Vestvagoya, l'île d'Austvagoya compte la localité de Svolvaer.

HENNINGSVÆR ★★

Construit sur un groupe d'îlots, Henningsvær est l'un des villages les plus pittoresques des Lofoten. La route (7 km) longe une côte rocheuse à la végétation luxuriante, contourne un petit croissant de sable fin avant d'arriver aux 2 ponts qui relient le village à la terre ferme.

Juste après les ponts, on aperçoit la galerie d'art de Karl Erik Harr (ouverte tous les jours de midi à 20h, entrée 45 Kr) et la terrasse d'un petit café sur le port. Puis la nouvelle église, qui possède de beaux vitraux du peintre norvégien Victor Sparre.

SVOLVÆR ★★★

Svolvær est la principale ville des Lofoten, au bas d'une curieuse montagne, appelée la Chèvre (son sommet ressemble à 2 cornes de chèvre). De là-haut, de nombreuses photos sont prises, et vous retrouverez une multitude de cartes postales ornées de ce symbole. Située sur la dernière île avant l'archipel de Vesterålen, la petite ville de Svolvær connaît une activité touristique récente. Des travaux aménagent et améliorent l'ensemble des structures et manifestent ainsi le recentrage économique des Lofoten : de la pêche au tourisme. Certes, Svolær n'est pas la plus jolie des villes (villages) de l'archipel, mais elle est dynamique, profitant de l'arrivée confortable des grands ferries et des express sur un quai presque au centre de la ville et tout proche de l'aéroport, ce qui fait d'elle un centre névralgique. De plus les environs sont magnifiques et les montagnes se prêtent à la varappe. Svolvær est aussi le point de départ d'excursions dans le fameux Trollfjord aux parois si abruptes. Tous les jours d'été, les bateaux de croisière font un détour pour montrer aux passagers ce spectacle étrange. Ils ne peuvent pas faire retentir leur sirène sans risque de déclencher des chutes de rochers.

PLAGE DE HAUKELAND ★★

Haukeland

Elle est composée de 2 anses parfaites au sable très blanc et très fin. L'étonnant décor aux rochers dressés dans une mer aux eaux turquoise n'est pas sans rappeler celui de Phuket, en Thaïlande. Comme dans les romans du siècle dernier, imaginant des îles mystérieuses, à l'abri de hautes montagnes et où se développe une vie protégée, Haukeland vous démontre que la réalité est au moins aussi étonnante. Plus loin, au pied de l'abrupte montagne, les verts pâturages où paissent des moutons apportent une note inattendue. Sur cette plage éloignée de toute habitation, une cabine en dur pour se changer et 2 barbecues en pierre.

© THIERRY LAUZUN – ICONOTEC

Port de Henningsvaer.

© CH – VISITNORWAY

Vue d'ensemble sur Svolvær, Îles Lofoten.

Penser à apporter son pique-nique, il n'y a pas la moindre boutique à des dizaines de kilomètres à la ronde. En-dehors de ces considérations toutes matérielles, c'est un de ces endroits de bout du monde où l'on se sent merveilleusement à l'écart de toute civilisation. Il suffit de se laisser bercer par le doux clapotis des vagues, dérangé par le bêlement d'un mouton au loin.

ANDØYA

L'île d'Andoya est au nord d'Austvagoya. Elle compte l'une des villes les plus importantes des Lofoten, Andenes.

ANDENES ★★★

A Andenes l'horizon est libre sur la mer, et aucune montagne ne vient s'interposer entre vous et le soleil de minuit, qui brille ici du 16 mai au 26 juin.

Mais on y vient surtout pour participer aux safaris de baleines. Attention, il faut comprendre par safari l'embarquement pour suivre ces mammifères avec la quasi-certitude (96 à 99 % de chance) d'en apercevoir. Peu d'endroits au monde peuvent promettre autant car la situation y est unique. Les baleines se nourrissent en effet dans les eaux extrêmement riches à environ 1h du port d'Andenes. Il s'agit donc d'un véritable bassin, d'un réservoir unique.

Au XVIIe siècle, période de récession dans les Lofoten, Andenes survécut grâce aux capitaux des baleiniers hollandais qui opéraient à partir du village.

Aujourd'hui, le safari en mer dure de 5 à 6h et il arrive que le bateau s'approche à 10 ou 15 m d'un cachalot de 70 tonnes pour une vingtaine de mètres. On y croise aussi des épaulards, de petits rorquals et des dauphins. Au large d'Andenes, le plateau continental chute brutalement à une profondeur de 2 000 m.

Les courants marins butant sur la paroi apportent du plancton qui nourrit les poissons et les pieuvres qui nourrissent à leur tour les cétacés.

C'est le seul endroit de Norvège où l'on puisse observer des baleines si près des côtes. Les safaris se font à bord d'anciens baleiniers, du 25 mai au 15 septembre. Noter que les vents sont parfois si violents au large d'Andenes que les sorties peuvent être reportées.

ROCHER AUX OISEAUX ★★

Bleiksøya (île)

Au large d'Andøya s'élève ce rocher aux oiseaux, l'un des plus connus du pays. Un bateau de pêche local se rend chaque jour dans cette île où l'on peut observer un grand nombre d'espèces. Entre 70 000 et 80 000 couples de macareux, plus de 4 000 couples de mouettes tridactyles et des centaines de cormorans, de guillemots, de pétrels, entre autres oiseaux de mer, viennent ici nidifier.

WHALE CENTER – MUSÉE DES BALEINES ★★

Hamnegata

✆ +47 76 11 56 00

www.whalesafari.com

post@whalesafari.no

Le centre propose des expositions sur les baleines et rend compte des recherches menées par les scientifiques norvégiens sur ces fascinants mammifères. On y trouve également une boutique de souvenirs et une cafétéria.

PENSE FUTÉ

Akerbrygge, bateau pour Bygdøy.

PENSE FUTÉ

Argent

- **Monnaie :** La couronne norvégienne (NOK)
- **Taux de change :** 1 NOK = 0, 10 Euro et 1 euro = 9,4 NOK
- **Coût de la vie :** Le coût de la vie est très élevé (surtout la nourriture et les services) en Norvège en corrélation avec des salaires élevés. Oslo a tenu à plusieurs reprises le titre de capitale la plus chère du monde. En tant que touriste, un tel niveau de vie peut être handicapant : la nourriture, notamment la viande, peut être 50% plus chère qu'en France.
- **Moyens de paiement :** Tous les moyens de paiement sont acceptés.
- **Marchandage :** Le marchandeur ne trouvera aucun écho auprès des commerçants locaux où il serait plutôt de coutume de payer le prix indiqué sans discussion.
- **Pourboires :** Le pourboire est de coutume en Norvège et il est d'environ 10% du prix total.

Bagages

- **Une trousse de toilette :** pour l'hiver, pensez aux crèmes hydratantes, au baume à lèvres. Il est toujours pratique et agréable de voyager avec des produits de toilette, mais attention à la législation si vous prenez l'avion, vos flacons et tubes ne doivent pas faire plus de 100 ml chacun pour passer en cabine.
- **Trousse à pharmacie :** carnet de santé, fiche du groupe sanguin, crème solaire, pansements, antiseptique.
- **Vêtements adaptés :** en hiver, pour votre confort, adoptez le style norvégien, à savoir chaussettes chaudes (avec une base de laine de préférence), chaussures chaudes (de ski, de randonnée), sous-vêtements chauds (Damart®), gants, bonnet/chapeau, écharpe. Pour l'été, n'oubliez pas votre maillot de bain !
- **Documents importants :** adresses et numéros de téléphone de vos contacts dans le pays, adresses et numéros de téléphone de vos proches, guide de voyage.
- **Documents à avoir sur soi :** billets d'avion, porte-monnaie, passeport/pièce d'identité.

Électricité

Les prises électriques sont les mêmes qu'en France ainsi que le voltage/ampérage : aucun adaptateur n'est donc nécessaire.

Vue sur la forteresse d'Akershus.

Ne pas Faire

- **Ne surtout pas parler d'adhésion à l'Union européenne** à un petit fermier ou à un pêcheur dans le Nord (en 1972 et en 1994, la population avait voté massivement contre).
- **Ne pas demander** non plus pourquoi les Norvégiens continuent à pratiquer la chasse à la baleine, et pourquoi ils ont repris celle aux phoques depuis janvier 2005.
- **Ne pas critiquer la famille royale**, c'est la fierté du peuple.
- **Ne pas oublier de choisir entre boire et conduire**. Ici, on ne plaisante pas avec certaines choses, et on retire le permis sur-le-champ.

Lillehammer.

- **Ne pas essayer de pratiquer le système D**, ne pas brûler la politesse dans une file d'attente, les Norvégiens sont très respectueux des lois.
- **Ne pas faire d'humour corrosif :** les Norvégiens n'apprécient pas le mauvais esprit ou la raillerie.
- **Ne pas parler du service militaire comme d'une corvée** (ou avec fierté de sa dispensation) : les Norvégiens ne prennent pas ce sujet à la légère.
- **Ne pas confondre Norvège et Suède**, Oslo et Stockholm. L'indépendance du pays étant relativement récente, ce lapsus reste moyennement apprécié !

Faire

- **Si l'on est invité chez des particuliers**, remercier la maîtresse de maison pour le repas en quittant la table en disant « takk for maten ».
- **Les Norvégiens ne s'embrassent pas** pour se dire bonjour, ils se serrent la main pour la première rencontre et se donnent volontiers l'accolade (le klem) s'ils se connaissent déjà. S'ils se laissent aller, ils donneront une bonne tape dans le dos.
- **En Norvège, les gens se remercient pour tout ou presque.** Par exemple, si l'on rencontre quelqu'un qu'on a déjà croisé, « takk for sist » (prononcer « taque for chiste ») est d'usage : « merci pour la dernière fois » ce qui n'a aucune connotation particulière en Norvège.
- **Savoir être nuancé dans ses propos,** les Norvégiens n'apprécient pas les opinions catégoriques.

Formalités

Les ressortissants de l'Union européenne peuvent séjourner trois mois en Norvège sans visa, avec seulement une carte d'identité ou un passeport valide. Au-delà de ces trois mois, il faut faire une demande de permis de séjour auprès des bureaux de la police de la ville de résidence.

Langues parlées

Les Norvégiens citadins parlent presque tous un anglais impeccable. Le français est pratiqué à très moindre échelle.

Quand partir ?

La période la plus agréable pour visiter la Norvège est indiscutablement de mai à septembre, le temps est alors clément et tous les sites touristiques sont ouverts. Néanmoins si vous êtes passionné de ski, l'hiver est la saison idéale et si vous êtes chanceux vous pourrez contempler une aurore boréale. La période de Noël est, quant à elle, un spectacle inoubliable qui vous fera oublier le froid et les déconvenues dues à l'impraticabilité des routes.

Santé

Aucun vaccin n'est obligatoire pour se rendre en Norvège et une pharmacie de voyage classique fera l'affaire.

Sécurité

- **Voyageur handicapé :** Comme les autres pays de Scandinavie, la Norvège possède des structures en général très bien adaptées pour les personnes handicapées et à mobilité réduite. Rampes, ascenseurs, assistance dans les gares, sanitaires… Le gouvernement a créé en 2005 un centre national de documentation afin de renforcer les connaissances sur les initiatives prises en faveur des personnes handicapées et d'évaluer les besoins en termes d'accueil et de structures. Cette institution remet chaque année un rapport sur la situation des personnes handicapées dans le pays.

Le Palais Royal d'Oslo.

Voyageur gay ou lesbien : La Norvège est devenue en juin 2008 le sixième pays à légaliser le mariage entre personnes du même sexe ainsi que l'adoption d'enfants par les couples gay.

Voyager avec des enfants : La plupart des musées proposent des billets « famille » à un prix avantageux, souvent prévu pour un couple et deux enfants. On peut toujours s'arranger si l'on voyage avec une famille plus nombreuse.Dans les auberges de jeunesse (Vandrerjhem) on peut souvent obtenir des chambres de 4 ou 5 lits. Les hôtels permettent d'ajouter un lit dans une chambre pour ne pas séparer parents et enfants en jeune âge.

Femme seule : La Norvège est un pays très égalitaire et sûr. Une femme seule peut facilement, et sans désagrément, se promener partout dans le pays. Il conviendra bien sûr de prendre des précautions élémentaires la nuit dans les grandes villes.

Téléphone

Indicatif téléphonique : 47

Téléphoner de France dans le pays : Pour appeler la Norvège depuis la France, composer le + 47 et le numéro de votre correspondant.

Téléphoner en local : Il n'existe pas de préfixe de ville ou de région en Norvège. Les numéros de téléphone norvégiens sont à 8 chiffres

Téléphoner du pays en France : composez le + 33 et le numéro de votre correspndant sans le 0.

S'informer

AMBASSADE DE FRANCE À OSLO
Drammensveien, 69
OSLO
✆ +47 23 28 46 00
www.ambafrance-no.org
La section consulaire est ouverte de 9h à 13h du lundi au vendredi.

Bergen

Janvier	Février	Mars	Avril	Mai	Juin	Juillet	Août	Sept.	Octobre	Nov.	Déc.
-1°/ 3°	-1°/ 3°	0°/ 6°	3°/ 9°	7°/ 14°	10°/ 16°	12°/ 19°	12°/ 19°	10°/ 15°	6°/ 11°	3°/ 8°	1°/ 5°

Narvik

Janvier	Février	Mars	Avril	Mai	Juin	Juillet	Août	Sept.	Octobre	Nov.	Déc.
-7°/ -2°	-7°/ -2°	-5°/ 1°	-2°/ 5°	3°/ 9°	7°/ 14°	11°/ 18°	10°/ 16°	6°/ 12°	2°/ 6°	-2°/ 3°	-5°/ -1°

Oslo

Janvier	Février	Mars	Avril	Mai	Juin	Juillet	Août	Sept.	Octobre	Nov.	Déc.
-7°/ -2°	-7°/ -1°	-4°/ 4°	1°/ 10°	6°/ 16°	10°/ 20°	13°/ 22°	12°/ 21°	8°/ 16°	3°/ 9°	-1°/ 3°	-4°/ 0°

INDEX

A

B

C

D – E

F

G

H

Le Cap Nord.

EDITION

Directeurs de collection et auteurs : Dominique AUZIAS et Jean-Paul LABOURDETTE

Auteurs : Antoine RICHARD, Joanna DUNIS, Saliha HADJ-DJILANI, Marion TANGUY, Grégoire DECONIHOUT, Sophie CUCHEVAL, Xavier CARPENTIER TANGUY, Jean François BOUTIN, Jean-Paul LABOURDETTE, Dominique AUZIAS et alter

Directeur Editorial : Stéphan SZEREMETA

Responsable Editorial Monde : Patrick MARINGE

Rédaction Monde : Caroline MICHELOT, Morgane VESLIN, Pierre-Yves SOUCHET, Talatah FAVREAU

Rédaction France : François TOURNIE, Maurane CHEVALIER, Silvia FOLIGNO, Bénédicte PETIT

FABRICATION

Responsable Studio : Sophie LECHERTIER assistée de Romain AUDREN

Maquette et Montage : Julie BORDES, Sandrine MECKING, Delphine PAGANO, Laurie PILLOIS

Iconographie et Cartographie : Audrey LALOY

WEB ET NUMERIQUE

Directeur Web : Louis GENEAU de LAMARLIERE

Directeur technique : Lionel CAZAUMAYOU

Chef de projet et développeurs : Jean-Marc REYMUND, Cédric MAILLOUX et Florian FAZER

Community Manager : Cyprien de CANSON

DIRECTION COMMERCIALE

Directrice des Régies : Caroline CHOLLET

Responsable Régies locales : Michel GRANSEIGNE

Relation Clientèle : Vimla MEETTOO et Sandra RUFFIEUX

Chefs de Publicité Régie nationale : Caroline AUBRY, François BRIANCON-MARJOLLET, Perrine DE CARNE MARCEIN, Caroline GENTELET, Caroline PREAU

Responsable Clientèle : Déborah LOICHOT

REGIE INTERNATIONALE

Chefs de Publicité : Jean-Marc FARAGUET, Guillaume LABOUREUR, assistés d'Elisa MORLAND

DIFFUSION ET PROMOTION

Directrice des Ventes : Bénédicte MOULET assistée d'Aissatou DIOP

Responsable des ventes : Jean-Pierre GHEZ assisté de Nathalie GONCALVES

Relations Presse-Partenariats : Jean-Mary MARCHAL

ADMINISTRATION

Président : Jean-Paul LABOURDETTE

Directrice Administrative et Financière : Valérie DECOTTIGNIES

Directrice des Ressources Humaines : Dina BOURDEAU assistée de Sandra MORAIS et Vianney LAVERNE

Responsable informatique : Pascal LE GOFF

Comptabilité : Jeannine DEMIRDJIAN, Christelle MANEBARD, Adrien PRIGENT, Sébastien LECORCHE

Recouvrement : Fabien BONNAN assisté de Sandra BRIJLALL et Belinda MILLE

Standard : Jehanne AOUMEUR

CARNET DE VOYAGE NORVÈGE 2017

ÉDITIONS DOMINIQUE AUZIAS & ASSOCIÉS©
18, rue des Volontaires - 75015 Paris
Tél. : 33 1 53 69 70 00 - **Fax :** 33 1 53 69 70 62

Couverture : © Vadim Petrakov - Shutterstock.com
Imprimé en France par
IMPRIMERIE CHIRAT - 42540 Saint-Just-la-Pendue
Dépôt légal : 19/01/2016
ISBN : 9791033154013

Pour nous contacter par email, indiquez le nom de famille en minuscule suivi de @petitfute.com
Pour le courrier des lecteurs : country@petitfute.com

IMPRIMÉ EN FRANCE

PEFC™
10-31-1895
Certifié PEFC
Ce produit est issu de forêts gérées durablement et de sources contrôlées.
pefc-france.org